李健明 著

非凡出版

二次增訂本自序

現在，市容很整潔吧？

2023年3月，旺角通菜街，看到一個招牌，孤零零地亮着燈，心有戚戚焉。這跟小時候看到的招牌，層層疊疊，百花齊放的境況對比，實在是兩個世界。或許，這已不是我熟悉的地方。

今日，這個招牌的命運，可想而知。

一位來自中國大陸的平面設計師跟我說，她在設計模仿香港招牌的時候，常被客戶說「還差一些」。或許這就是那種「港味」，仍然存留在大家心中的那種感覺。《你看港街招牌》或許能幫助人們如何尋找那份港式招牌的「味道」。然而這種難以量化的感覺，隨着時代快速地流逝。我明白或許這是一種「進步」，但我相信這本書裏面所談及的招牌特色，是不會過時的。

十分感謝非凡出版再次給我珍貴的機會，把這本書再更新。作為寫書初哥，實在感到非常榮幸。上一版本已是五年前，部分資料已明顯過時，而一些招牌例子亦已面目全非。我把這些資料及章節都予以刪除，新增的文章亦是我近年來的所見所聞，最希望能跟大家分享的知識，以回饋各讀者的厚愛。

《你看港街招牌》是一本介紹香港招牌特色的參考書。希望這不會在可見將來，變成一本描述「香港招牌美學」的歷史書。

李健明

二〇二五年五月十四日

推薦序 —— 郭斯恒

「李漢港楷」，你我港楷

初次認識李健明（阿健）是從媒體上知道他造字的報道，同時也被他的父親李威和摯友李漢之間的兄弟情所吸引。其後我因着研究香港霓虹招牌的視覺文化，有幸訪問阿健，往後也曾多次在有關設計文化的講座中碰面閒談。

有話「見字如見人」，我話「見人如見字」。阿健為人親民、健談、實事求是，就正如李漢港楷招牌的字一樣，沒有半點嘩眾取寵或龍蛇走筆，它總是予人樸實穩重、點到即止的感覺。

記得在一次訪問中，提到李漢港楷招牌字的最大特色是甚麼？怎料阿健回覆是沒有甚麼特色。我想不可能吧，一個字型的存在必有它的美學和設計特色，怎可説沒有特色呢！但想深一層，無特色正正就是李漢港楷吸引之處。一個招牌字的最基本功用，並不是喧賓奪主或處處凸顯字型有多美，而是平實且清晰地展現出店舖的名字，這正正就是它的強項。

在訪問當中也問到李漢港楷招牌字最能夠代表香港甚麼？阿健沉思了一會後回應是「貼地」，這是很棒的答案，李漢港楷招牌字的確貼地又充滿本土特色，是平民的恩物，因為無論在大街小巷、街市和小店總找到它的蹤影。

一直很喜歡以民間主導，由下而上，不盲目追求潮流，不按派別規矩，就是喜愛那些有血有肉，以日常生活出發，充滿人文風情的設計。李漢港楷的招牌字就是這麼貼近民眾，充滿港式風格，就是「平靚正」，三姑六婆二叔公都喜愛使用的招牌字。

造字或字體設計往往是孤單的，是一個人的事業。但李漢港楷的招牌字給我很不一樣的感覺，我永遠見到的是一家人，同心協力。在過去很多場合，阿健的爸爸李威永遠在旁，氣定神閒，一臉慈祥的面容，家姐則打點一切，精明能幹。在我眼裏，李漢港楷的成功背後，不單在於字型本身，更重要的是反映出一家人齊心協力的精神面貌，這正代表着往昔獅子山下的精神，就是社會傳統價值，手足之情，也代表着七八十年代默默耕耘的一群香港人故事。

這本書不僅講述李漢港楷的製作和香港招牌的故事，也藏着香港精神不斷在滾動的故事。在這紛亂的社會下，當看見李漢港楷招牌字的謙遜親民美學，內心總找到些支點，李漢港楷招牌字就是有這種魔力。

郭斯恆

香港理工大學設計學院助理教授

推薦序 —— 邱益彰

字體能承載一個地方的歷史文化

香港近年盛行本土文化，大眾亦開始產生懷舊情懷，喜愛懷緬過往的美好回憶。市面上開始出現一些主打「老香港」的產品、電視劇等等，不過你或許沒有察覺到，有一部分「老香港」產品、又或是電視劇的布景，令我隱約產生違和感。當我細心留意細節，就發覺裏面用到的字體完全沒有一絲「老香港」的氣息。曾經見過一個舊式店舖模型，而招牌居然印上標楷體，實在是大煞風景。又見過某電視台的六十年代警匪片中，背後啓德機場的布景板文字用上了新細明體。

你可能會説：「字體而已，用得着這麼着緊嗎？」又或者認為只要外觀相似就可以了，毋須過分着重細節。而我卻不這麼認為，因為字體能夠承載一個地方的歷史、文化的紀錄。試想一想，六十年代何來出現標楷體和新細明體這兩種電腦字型呢？要將懷舊產品發揮到極致，使用正確的字體只是其中一環，更重要是要了解這些事物的背後故事。

隨着電腦普及化，街上百花齊放的文字風景開始變得單調。毛筆風格的招牌、人手造字的路牌，逐漸變成一式一樣的電腦字型；霓虹燈招牌都被拆下，換上傷眼的 LED 招牌。這些看似微不足道的小事物，似乎慢慢令這個城市失去個性和活力，亦逐漸被世人遺忘。要真正做到懷舊情懷，保育視覺文化記錄是其中一門重要課題。

二〇一七年初，在一次報章訪問中認識了阿健，有幸和他共享一整版副刊篇幅。原來阿健與我一樣，將舊字體重塑成數碼化電腦字型；利用空餘時間進行這種另類的視覺文化的保育工作。我亦十分欣賞阿健憑着他的毅力和堅持，將「李漢港楷」這個經典招牌字體重現於我們眼前。透過平時和阿健「吹水」，從而得知一塊招牌看似簡單，但背後卻是蘊藏着博大精深的學問。而「李漢港楷」背後的故事，更能體現出香港情懷；亦能深入了解當時香港的狀況。

這本書以阿健作為招牌佬的角度，深入探討招牌的設計和周邊故事，令人津津樂道。相信此書亦能啓發大家在繁華都市中，發掘更多細微而代表到香港事物。

邱益彰
道路研究社社長
「監獄體」字體創作者

推薦序 —— 阮慶昌

香港招牌的迷人風景

從前做生意的人，無論是大生意還是小買賣，都會很重視他們的招牌。這是商人的門面，輕慢不得，所以才會有「金漆招牌」的説法。有能力有面子的，會請名人題字，否則要自己書寫，或是付費請書法家潤筆。這些美麗的招牌，就成為了點綴香港大街小巷的風景和特色！

並不是人人都有能力請得起出名的書法家題字，但香港可愛之處就是我們還有街頭巷尾的各位寫字佬，他們替各大小商人寫下一個一個大方得體的招牌字，而李漢先生就其中一位這樣的寫字佬。

我是從二〇一七年的媒體報道，讀到關於「李漢港楷」的故事，到二〇一八年尾，終於真正認識「李漢港楷」的製作人李健明先生。從他口中親述李漢先生和李漢港楷的故事，心中就對李漢先生寫了個「敬」字，他和李威先生兩人間的情誼，可以用「情與義，值千金」來形容。而對於李健明先生，就要寫個「服」字啦！製作過字體的人就會知道，以個人的力量去繪畫和製作數千上萬字的字體，是一項極具挑戰性和耗時的工作；要描繪毛筆字而同時保留其神韻更是難上加難；而李健明先生卻在沒有受過任何電腦繪圖訓練下進行這工作，則只能講聲「佩服得五體投地」。

聽到李健明先生要出版《你看港街招牌》一書，除了可以重溫李漢先生和李威先生的情義故事外，也讓我們能更深入地認識香港招牌這迷人風景和特色！

阮慶昌

「硬黑體」字體創作者

推薦序 —— 鄧寶誼

我看不止招牌

從前看荷里活電影中出現的漢字招牌畫面，第一時間浮現的是香港的街道印象，很多招牌都存在了很久，有時人會因太熟悉身邊事物，感知麻木，變得理所當然，很少「再觀察」。香港招牌印象令我感受到一種積極、充滿機會的感覺，當中有着正面的價值。

現在的設計行業意識到設計本身不能脫離社會，字體設計也不止以表現力或技術優先，更多可從內容出發，從事字體設計的不一定要是設計師，設計只是方式或手段，應以人為目的，李漢伯伯留下來的字體透過數位化成為能再運用的智慧資產，招牌是城市景觀的一部分，由人、事、物、景建構了這個香港本土故事，能讓人們了解愈多在地的故事，也會對城市產生愈強的歸屬感，我樂見「李伯伯街頭書法修復計劃」做到這點。

意義不是一顆早就存在於草叢中的石頭待人去發現，意義是要創造和經營的，李健明先生從資料蒐集、整理字庫、描繪原稿，到舉辦工作坊、展覽及出版等等，都看到其中對文化保育及推廣的努力，李先生正為此創造着意義，是一位文化保育工作者，李漢港楷項目正在豐富字體和社會本身。作者更把對招牌製作的多年心得及經驗在書本中分享，此書對於在地字體文化補充具借鑒意義。

當我在澳門進行「澳門榮耀行」的招牌字體項目期間，經常和健明兄討論交流，獲益不少，兩個城市的歷史不同，卻有着很多相似之處，喜見港、澳招牌字體的故事互相輝映。感謝作者邀請為本書寫序，祝《你看港街招牌》一紙風行。

鄧寶誼 Benny Tang

澳門字體設計學會會長

「鳥姿書」字體創作者

（正為澳門招牌書法家林榮耀先生製作電腦字型）

自序

港人港字．李漢港楷．你看港街

時間回到二〇一五年。當時我在自家的招牌公司主要負責製作部分，有時出外安裝招牌，都是一些小工程，或者是廣告公司的小量急件吧。自知口齒不靈，計數又不精，所以通常都是由我姊聯絡客戶，而我多數躲在一旁工作，解決製作上的難題。難聽一點説，是有點「自閉」的。

有一日，我下定決心將「李漢港楷」電腦化，我把公司大櫃內的毛筆字手稿拿出來，進行掃描、勾畫，每個夜晚都花些許時間，將這些墨寶變成電腦字體，目的是製作一款市面沒有的字型，供自己公司獨家使用。這就是製作「李漢港楷」字體的初衷了。後來又有一日，機緣巧合地接觸到正在籌備展覽的長春社文化古蹟資源中心，他們將我和李漢字體的故事帶到公眾的眼前。自此，我慢慢硬着頭皮，接受媒體訪問、出席講座、辦導賞團、搞工作坊等。

因為要向大眾分享對招牌的看法，於是我將以前所見所做的招牌資料歸納起來。雖然從小已在老爸的招牌店幫手，但後來發現自己的知識還非常不足，於是又做了一些資料搜集，外出時又常常觀察各種招牌。加上這幾年來認識了很多文化及設計界的朋友，使我在這三年間，對招牌的認識增進不少。

二〇一八年有幸獲得非凡出版邀請，撰寫一本有關香港招牌的書。自問從小只接觸街坊招牌，很多招牌都只懂看不懂做，又怎可獻醜寫書呢？思索良久，最終得到一個結論：既然我只懂看，那就不如帶大家看招牌、宣傳品、告示、街道文字！

在《你看港街招牌》這本書內，你不會找到大量傳統參考資料的，理由很簡單，因為我想用我的雙眼，去帶大家欣賞城市中的招牌，另一個原因，就是有關香港街坊招牌的參考書真的不多。

而且，我想以立足今日的角度去看招牌。十年前的香港，招牌當然比現在多，可惜近年遭大量清拆，街景大變。那麼我們現在又可以看甚麼呢？透過這段日子的觀察，也拍下不少香港招牌照片，其實香港仍有很多有趣招牌可以去看看的，在此書也會提議大家怎樣看招牌。

至於我選取的招牌例子，由巨大的樓頂招牌，到平平無奇的街市招牌都有。金碧輝煌、名家書寫的招牌，可能坊間已有不少人介紹，但如果從看一些平凡的、一直出現在你我身邊的招牌中，能看到當中的有趣的地方，令大家注意到招牌的價值，也是我企盼做到的。

今次是我初次寫書，自問已盡力而為，希望大家對我的粗淺學識及拙劣文筆多多包涵。我以招牌佬角度去看、去分析，如果書中有甚麼資料或觀點上的錯漏，懇請各位讀者不吝指正。

李健明

二〇一九年六月十一日

增訂本自序

褪色？蛻變？香港招牌風景

《你看港街招牌》於二〇一九年出版，對我來說，十分高興。一方面終於能夠將自己所認識的招牌知識跟大家分享，非常榮幸；另一方面亦深知自己知識有限，還望各讀者多多包涵。最令我欣喜的是，有讀者特意圖文並茂，跟我交流有關招牌或字體的知識，並指出書中疏漏之處，令我獲益良多。

過去一年，香港街景經歷翻天覆地變化。書中所列出的一部分招牌已遭清拆。而霓虹招牌更情況堪虞，巨型室外招牌更可用「瀕臨絕種」來形容。不少老店結業，它們的金漆招牌亦完成歷史任務。招牌的更替，很大程度上取決於政府政策、商舖決定，以至經濟環境所影響。現今社會變化之急速前所未見，傳統招牌的消失，相信只會愈來愈快。

不久前獲出版社通知，《你看港街招牌》能夠再版，推出增訂本，令我喜出望外。一方面感謝非凡出版的大力協助；同時更對各位讀者的厚愛，感激之至。

擱筆之時，窗外陰霾密佈，前景一片迷濛。願早日曙光復現，香港笑顏再展。

李健明

二〇二〇年四月二十七日

目錄

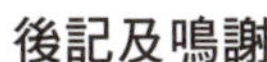
後記及鳴謝

清明雨山前
風生水起
知足常樂
福
1234
寫字檔

第一章

細說李漢港楷

何謂「寫字佬」

胡丁強位於旺角的寫字檔

文字是傳遞訊息的工具，於是有人的地方，

有商業活動的地方，就有文字。

廣告板需要文字，單據需要文字，招牌也需要文字。在沒有電腦的年代，除非自己能寫得一手好字，否則唯有找「寫字匠」幫忙了。

寫字匠，亦是俗稱的「寫字佬」。七八十年代，旺角街頭聚集了不少寫字匠，聽說他們都在旺角砵蘭街一帶工作，根據著名書法家馮兆華先生（華戈）[1] 憶述，當時連同他在內，砵蘭街約有九個寫字檔。因為砵蘭街附近有很多招牌店，加上這裏人口密集，各行各業對字的要求都十分殷切，於是寫字佬也來到這裏謀生。

二次世界大戰後，中國大陸即發生內戰，社會紛亂，不少人逃難到香港，為香港帶來巨大的勞動力及經濟資源。他們當中有些是知識分子，在鄉間讀過書，也懂得寫毛筆字，部分人會為不懂認字的人寫信賺錢，而書法了得的就會當上寫字匠。

以前每位寫字匠都會有各自的長期顧客，一般人都不會輕易轉換寫字師傅的。顧客選擇寫字匠各有原因，有些是因為寫字匠價錢實惠；相反有人追求名家題字，故願花高價求字；也有因為寫字匠效率高，交貨迅速。比較有趣的是，有些店主覺得個別寫字匠的字能帶來好運，招牌用上他們的字，生意就會變好，所以即使他們的字不是寫得特別秀麗，都有很多人樂於採用。

我綜合了華戈、麥錦生 [2]，以及我爸李威 [3] 的口述資料，整理了一些八十年代旺角區寫字匠的名字，以及他們的簡略資料。

1 馮兆華（華戈）：本地著名書法名家

2 麥錦生：本地僅存的小巴水牌寫手

3 李威：招牌製作公司 —— 耀華膠片廣告公司創辦人

八十年代寫字匠資料

許為公	擅長書寫北魏體。
許一龍	著名寫字匠。
歐基	字體流麗。
林怡	左右手都能寫字，性格剛猛。
謝樸	安徽或浙江人士，性情和善。
陳有	寫字流麗漂亮。
唐文偉	無綫電視台字幕寫手，在黃埔新邨常見他題字的招牌。
張超	喜歡用淡墨汁寫字，再以幼筆勾畫外框。討厭別人更改其字稿，會蓋上「去白留黑，切勿塗改」印章。擅長寫水牌上的小字。
黎震、黎光父子	字檔名為「黎震寓」，位於旺角南華戲院附近。黎震去世後，由兒子黎光接手。據說黎光寫字時常常喝酒，方能寫出好字。
李漢	擅長書寫楷書，交貨迅速。

黎光先生所書寫的招牌字

在我爸的毛筆字收藏裏，有少量李漢先生以外的寫字匠的作品。這張以淡墨書寫，再以水筆圍邊的字稿，不知是否屬於張超先生的字呢？

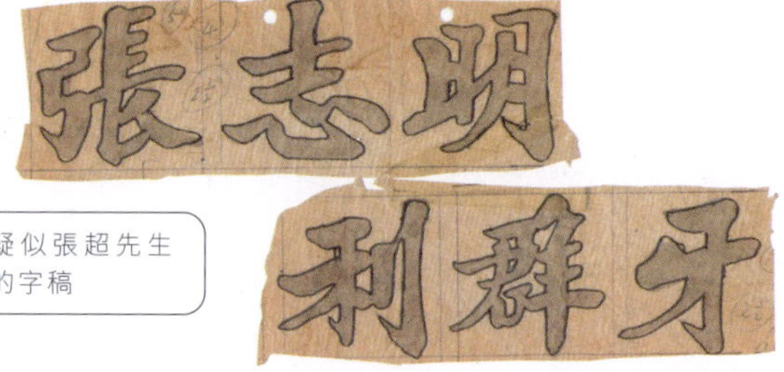

疑似張超先生的字稿

寫字匠的收入

據說生意好的寫字匠，即使未達到「神級寫字匠」區建公的造詣，收入也相當不錯，足夠支持舉家移民外地。六十年代末，寫一寸高的字收費五仙，換言之十寸高的字，收費每字五角。到了八十年代，華戈替人寫字，每寸字已漲價至五元。

旺角除了砵蘭街以外，周圍也零星分佈着一些不為人熟悉的寫字匠。麥錦生未學寫字前，經常光顧黎光的字檔，但遇着黎光生意太好，也會找另一位寫字匠求字。這位工匠的字不及黎光出色，但也很工整，而且工匠脾氣好，願意替客戶趕寫大字。麥師傅稱他為「肥佬」，表示不知道他的名字，於是我給麥師傅看一些我收藏的字稿，再考證「肥佬」寫字檔的所在地，估計這位寫字匠的名字叫李漢，就是我最熟悉的寫字佬了。

市面最後的街頭寫字匠，可能是文錫先生及胡丁強先生，他們的攤檔位於旺角朗豪坊對面，以製作鑿字字模為主，於二〇二〇年前後消失於街頭。在街頭攤檔的最後歲月中，文錫先生已不會在街上寫字，免得途人聚集圍觀。而昔日的寫字匠已不復見於街頭，可能已轉型成為書法老師，例如華戈一邊教書一邊替人題字。每當農曆新年，街上會有一些「期間限定」的寫字檔，替街坊書寫揮春，也算是寫字檔的延續吧。

李漢與我爸李威的結緣

寫字匠李漢在退休前，慷慨將一套字贈予我爸李威，當中所付出的時間和心血非常龐大。我聽説有寫字匠對記者表示，寫字就是他們的謀生技能，將自己的一整套字贈予別人，實在匪夷所思。由此看來，李漢與李威交情相當深厚，才會有李漢港楷手稿的誕生。

早在上世紀六十年代，我爸李威已開始製作招牌。至於他何時認識李漢，確實時間並不太清楚，大約是七十年代吧。我爸見李漢個性和善，又肯替別人趕工寫字，樂於助人又沒有架子，慢慢地變成了朋友。

有關李漢的生平事蹟，我知道的相當少，只知他比我爸年長，後來更稱呼我爸為「細佬」，可見他倆情同手足。

李漢從大陸來香港謀生，一家居住在狹小的公屋，屬社會的基層人士。根據我爸一位相熟的招牌行家描述，李漢在寫字檔除了替客人寫字，閒時亦會努力練字，有時一天下來，寫得不滿意的字稿甚至會堆滿了垃圾桶。

李漢在甚麼時候開始從事寫字匠工作，已無從稽考。不過他在一九八二年，荃灣竹林禪院重修時，替寺院寫了多幅對聯；所以現時在該處的建築物及香爐上，都可找到他的題字。由此可見，在八十年代初期，他的書法造詣已有所成，可登大雅之堂了。

李漢一直為街坊服務，替不同的招牌師傅題字。他所書寫的招牌行業極為廣泛，囊括衣食住行，金舖、中西醫、佛門對聯，甚至色情招牌都有。反正職業無分貴賤，凡是對字有需求的客戶，他都會一一滿足。

李漢身世

根據我爸憶述，在大約八十年代末，由於李漢家中環境擠迫，他曾在我爸位於黃大仙的招牌店內暫住。日間在招牌店內寫字，同時透過使用招牌店的電話，聯絡各方求字的客人。只是過了不久，大概因為旺角比較方便工作，他找到開檔位置後便重回旺角擺檔。

大約九十年代初期，李漢自覺年紀漸長，健康轉差，就開始計劃退休。李漢擔心李威日後沒人替他寫字，便有計劃地逐漸將自己的墨寶留下來，好讓李威可以使用。記憶中李漢曾拜託我姐姐替他準備寫字用的紙張，以及在紙上畫上方格，方便書寫。李漢是根據一本《新華字典》按部

六十年代的李威

荃灣竹林禪院

首書寫字稿的，寫了一部分後，覺得不滿意，便寫了第二次。可惜第二次還沒寫完，不知道甚麼原因，只寫了一千八百字，其他原稿就沒有出現過了。也就是說，現在流傳下來的兩份楷書手稿，都只涵蓋字典的前半部。幸好我老爸在日常工作時，也會把李漢的字收集起來，為我日後完成李漢港楷電腦字型，提供了莫大的幫助。

李漢第一次寫的手稿

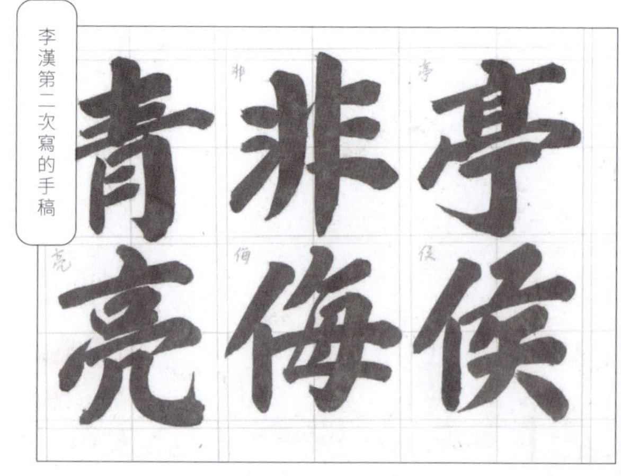

李漢第二次寫的手稿

隸書手稿

大約在一九九二年，李漢把兩個紅白藍帆布袋放在我爸的招牌店門前。當時我爸不以為意，後來才發現裏面全是隸書手稿，點算過合共多達二千字，肯定花了不少心血完成的。我爸說這期間也有到李漢位於赤坎的家鄉探訪，得知他在那邊建了房子，與家人同住，在那裏退休終老了。

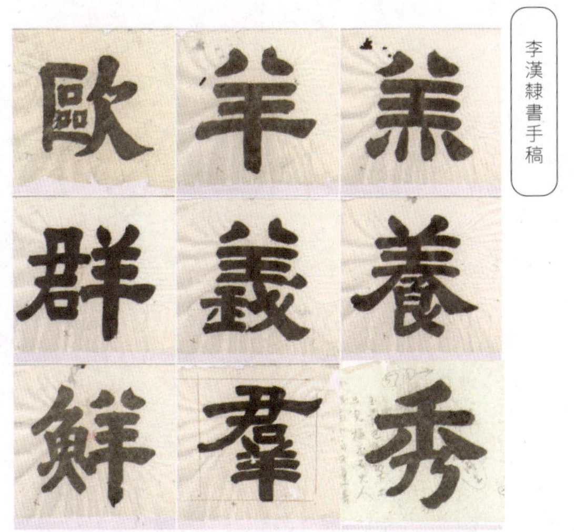

李漢隸書手稿

在李漢留下手稿的同時，我家招牌店也剛引入電腦，亦開始使用電腦字型製作招牌。當時我已經想着手開始將李漢的手稿掃描下來並電腦化，只是當時電腦速度很慢，我們的電腦技術亦不足，在電腦化工序開始不久，便半途而廢了，字稿也在公司的大櫃裏面沉睡二十年，靜待重新面世的機會。

李漢寫的楷書

李漢寫的楷書招牌

招牌總敵不過時間洪流。

香港地少人多，環境十分密集。商戶製作招牌，都希望自己的招牌比較顯眼，以吸引客戶目光。無論以前或現在，商戶對招牌的要求，可說是大同小異的，即使現時是使用電腦字型的年代，也可找到某些相似之處。

從電腦字型來看，可分為內文字與標題字兩大類：

內文字	筆劃普遍較幼，務求在印刷品上看得清晰。
標題字	筆劃較粗，如果使用作內文字使用，很容易看起來糊成一團，但在遠處看，會比較顯眼。

一般招牌使用的字體，絕大部分是標題字，李漢先生寫的楷書，就是專門為招牌製作而設的，符合坊間對招牌字的定義。李漢的字體是一種筆劃較粗的楷書，遠看起來依然相當顯眼，而且辨識度高，筆劃清晰明快。在書法風格方面，華戈解釋說：「李漢的字體取王羲之體結構，加上顏真卿行書厚度，行內人一眼就看得出來是李漢字迹」。[1]

昔日許多店家訂造招牌，都會希望招牌字體有氣勢，營造殷實形象之餘，同時不容易被人欺負及壓榨，突顯店舖穩健有實力。因此上世紀七十年代及以前，不少招牌都以北魏字體書寫。北魏字體是一種十分有氣勢的書法字體，字勾粗大有力，筆劃狂放誇張。李漢先生寫的楷書，也可找到北魏字體的一些特點，尤其是在他寫的大字方面，風格更偏向北魏，可惜他寫的

1 《蘋果日報》，2017年3月5日，E4版。

大字存世不多。而在他留下的手稿中，主要以四至六寸高的字為主（見上圖），感覺不太兇猛，保留招牌字體力度之餘，卻又帶點中庸的感覺，比較偏向楷書的風格。

一體成形

在手工製作膠片招牌字的年代，寫字匠除了要因應商戶的要求外，也要配合招牌師傅的工作需要。香港生活節奏急促，不少客戶也會要求招牌師傅在短時間內完成招牌。另一方面，招牌師傅也會想出一些方法，令製作及安裝招牌更加便捷，例如盡量將每個字的所有筆劃連在一起，那麼在製作招牌時，便不會漏掉某些細小的點劃，也不會因為字的部件眾多，引致裝錯、裝漏、遺失部件的情況，安裝時也更快速，於是，一體成形的招牌字便出現了。

整個字每個部件均由牽絲連接，一體成形

這種一體成形的招牌字可不是李漢發明的，在昔日的香港招牌上，常常可以找到，所以當時的「寫字佬」都懂得寫這種字。其實這種字並不難寫，只需用行書的方法，以牽絲技巧將字裏面的每個部件連在一起。當然，如何將「一體成形」寫得合理及好看，就要看寫字佬的功力了。這一方面，李漢做得非常熟練，所以有些招牌老師傳説，李漢寫的字未必最好，但一定十分適合製作招牌。

隨着電腦出現，電腦字型主要用作印刷之用，文字「一體成形」這種傳統智慧就慢慢地消失了。幸好現時市面上仍有不少舊招牌可作參考，加上李漢先生的手稿，才可以將這種小智慧流傳下去。

李漢先生能寫的各種書法字體

其實李漢先生還懂得書寫多種書法字體，只是沒有人仔細收藏記錄，以致留下來的作品非常少，而且就算僥倖保存下來，也不太分辨得出是否他的字，不能全面認識李漢先生的所有書法作品，實在非常可惜。

何處找尋李漢招牌字？

記得手寫字招牌大行其道的年代，我並沒有很留意招牌，一來覺得招牌很平常，隨處可見；二來當時我還是求學階段，還沒有研究招牌的興趣。每當被問及：「以前李漢字招牌有多常見？」這類問題，往往只能很概括地說：「李漢先生寫的招牌，未必佔全港招牌很大的比例，但感覺類似的字，卻是十分常見。」

我在近兩年才開始留意街上還剩下多少李漢字的招牌。基於當時的「寫字佬」都不會在招牌上留下署名，

拉頁可以看到由李漢港楷字體拼湊成的香港街道，及部分李漢港楷手稿！

[illegible]儈億儀儂儆儉儈[illegible]儐[illegible]儒[illegible]優[illegible]儿兀允元兄充兆兇先光克兌免兒兔兕
[illegible]刺[illegible]剃剌到則刲削剋[illegible]前[illegible]剝[illegible]剩[illegible]創劃[illegible]劇劈劉劊[illegible]劍[illegible]劑[illegible]力功加劣助努劫劬劭
[illegible]厖厥厲[illegible]厶去叄参又叉[illegible]友双反[illegible]叔[illegible]叢口古句另叨叩只叫召叭叮可台叱史右叵叶司叻叼[illegible]吁吉吃各
[illegible]哂哄哆哇哈[illegible]員哥哦[illegible]哲[illegible]哺哼哽[illegible]唉唎唏唐[illegible]唔[illegible]唧[illegible]
[illegible]海嘖嗯[illegible]嘆[illegible]嘗[illegible]器[illegible]嘲[illegible]
[illegible]坏[illegible]均[illegible]坊[illegible]坎坏坐坑坡坪[illegible]坤[illegible]坪[illegible]
[illegible]士壬壯[illegible]壺[illegible]壽[illegible]夏[illegible]夕外夙多夜[illegible]大天太夫央夭[illegible]
[illegible]姻[illegible]婦婧[illegible]婚[illegible]媒[illegible]媳媽[illegible]
[illegible]家宸容宿寂寃寄寅密寇富寐[illegible]寔[illegible]寞察寨寢[illegible]實[illegible]寮[illegible]寵寶寸寺封射尅將專尉尊尋對導小少尔尖尚
[illegible]川州巡巢工左巧巨巫差
[illegible]廢廣[illegible]廬[illegible]廷[illegible]建[illegible]廾廿弁异弄[illegible]弊弋式[illegible]弓弔引弗弘弛[illegible]弦弧弩[illegible]
[illegible]怪[illegible]恐[illegible]恒恕[illegible]恭息恰[illegible]悔悖悚[illegible]悟[illegible]
[illegible]慈[illegible]憤[illegible]慧[illegible]憶憾[illegible]懦[illegible]懷[illegible]戈戊戌戍戎成
[illegible]拐[illegible]拮[illegible]拱[illegible]拷拼拽拾[illegible]挪挫[illegible]挹挺[illegible]挽挾捂[illegible]捆捐捉[illegible]
[illegible]掮[illegible]掘[illegible]摸撈[illegible]撐撫[illegible]撤撓撕撒[illegible]
[illegible]敵敷[illegible]斐[illegible]斗料[illegible]斛[illegible]斡斤斥斧斫斬斯新[illegible]斷方於施[illegible]旋旅[illegible]旌[illegible]族旒[illegible]旗[illegible]旡既日
[illegible]曩[illegible]曰[illegible]曳更曷書曹[illegible]替最會[illegible]月有朋[illegible]朗望[illegible]期[illegible]朦朧木未末本札朮朱朴朵机朽[illegible]杉[illegible]李杏材
[illegible]桔[illegible]梆[illegible]梗[illegible]梨[illegible]械[illegible]梵[illegible]梁[illegible]棋棍棒[illegible]棕棖棗棘棚棟棠
[illegible]椎[illegible]橋[illegible]橘橙[illegible]機[illegible]横[illegible]
[illegible]毒[illegible]比毗毘毛[illegible]毫[illegible]毯[illegible]氏氐民[illegible]气[illegible]氣[illegible]水永[illegible]氾汀汁求汆汎汐
[illegible]浦浩浪[illegible]浮[illegible]浴海浸[illegible]涂[illegible]涌[illegible]淀[illegible]淄[illegible]淇淋[illegible]淚[illegible]
[illegible]漠[illegible]漫漬[illegible]漸[illegible]潑潛潔潘[illegible]潤[illegible]潮潰[illegible]澄[illegible]
[illegible]煙[illegible]煩煬煮[illegible]熊熏[illegible]熙熱[illegible]
[illegible]猾猿[illegible]獄獅[illegible]獲[illegible]獸[illegible]獻[illegible]玄[illegible]率玉王[illegible]
[illegible]產[illegible]用甩甫甬[illegible]田由甲申[illegible]男甸町[illegible]畏[illegible]留畜畝[illegible]略畦番畫[illegible]異當[illegible]疊[illegible]疏疑疔[illegible]
[illegible]皺[illegible]皿盂[illegible]盆盈益盍[illegible]盒盔盛盜盞盟盡監盤[illegible]盧[illegible]目盯盲直相[illegible]盾省[illegible]眉[illegible]看[illegible]真[illegible]眷
[illegible]碎碑[illegible]碗[illegible]碼碧碩[illegible]磋[illegible]磨[illegible]礦[illegible]示[illegible]社祀
[illegible]稽[illegible]穴究穹空[illegible]突[illegible]窒[illegible]窟窩[illegible]窮[illegible]竄[illegible]立[illegible]竟章竣童竭端競
[illegible]米籽[illegible]粒粕粗粘粟粥[illegible]粱[illegible]粹[illegible]粽精[illegible]糊[illegible]糕糖[illegible]糞糟糠[illegible]
[illegible]練[illegible]縣[illegible]縮[illegible]總績繁[illegible]織[illegible]繩繪繫[illegible]
[illegible]耍[illegible]耳耶[illegible]耽[illegible]聆聊[illegible]聖[illegible]聯[illegible]聲[illegible]聾[illegible]職聽[illegible]聿肆肅肄肇肉肋肌[illegible]育[illegible]肝股肢肥肩肪[illegible]肯[illegible]
[illegible]臟[illegible]臣臥臧臨自臬臭至致臺臻臼臾[illegible]舂舅與興舉舊舌舍舐舒[illegible]舖舘[illegible]舛舜舞舟[illegible]般航舫般[illegible]舵舶[illegible]船[illegible]
[illegible]荷[illegible]荳[illegible]莎[illegible]莖[illegible]莫[illegible]莉[illegible]菁[illegible]菇[illegible]菊[illegible]菌[illegible]菜[illegible]華
[illegible]蒸[illegible]蓋[illegible]蓬[illegible]蔓[illegible]蔬[illegible]蕉[illegible]蕩[illegible]薄[illegible]薑[illegible]蓮[illegible]薛[illegible]藍藏[illegible]藝藤藥[illegible]
[illegible]蝶[illegible]螂[illegible]融[illegible]螢[illegible]蟬[illegible]蟲[illegible]
[illegible]西要覃[illegible]見規覓[illegible]視[illegible]親[illegible]覺覽[illegible]觀角[illegible]觸[illegible]言訂計
[illegible]謊謎[illegible]謗謙[illegible]講謝[illegible]謹[illegible]譏識[illegible]譜[illegible]警[illegible]譯議[illegible]護
[illegible]走赴赳[illegible]起[illegible]超越[illegible]趙[illegible]趣[illegible]足趴趺趾[illegible]跌[illegible]跑[illegible]距跟跡[illegible]跨[illegible]路跳[illegible]
[illegible]轉[illegible]轎[illegible]轟[illegible]辛辜[illegible]辣[illegible]辦[illegible]辭[illegible]辯辰辱農[illegible]迂迄[illegible]迅[illegible]近[illegible]返[illegible]迪迫[illegible]述[illegible]迷[illegible]追退[illegible]逃[illegible]
[illegible]鄉[illegible]鄙[illegible]鄭[illegible]鄰[illegible]酉酊酋[illegible]配酎[illegible]酒[illegible]酣[illegible]酥[illegible]酩[illegible]酬[illegible]酸[illegible]醇醉醋[illegible]醒[illegible]
[illegible]鋒[illegible]鋪[illegible]鋸鋼[illegible]錄錆錐[illegible]錘[illegible]錚[illegible]錠錡[illegible]錦[illegible]錫[illegible]
[illegible]阪[illegible]防阻阿陀[illegible]附陋陌降限陛[illegible]陞陟[illegible]院[illegible]除[illegible]陰[illegible]陳[illegible]陶陷陸陽[illegible]隆[illegible]隊[illegible]隔[illegible]障[illegible]隨
[illegible]韶韻[illegible]響頁頂頃項順[illegible]須[illegible]預[illegible]頓[illegible]領[illegible]頭[illegible]頰[illegible]頸[illegible]頻[illegible]題額[illegible]顏[illegible]願[illegible]類[illegible]顛
[illegible]驚[illegible]驕驗[illegible]骨[illegible]骼[illegible]髓體[illegible]高[illegible]髮[illegible]
[illegible]鴉[illegible]鳴[illegible]鴻[illegible]鵝[illegible]鶴[illegible]鷹[illegible]鷺[illegible]鹵[illegible]鹽鹿[illegible]麒[illegible]麗[illegible]

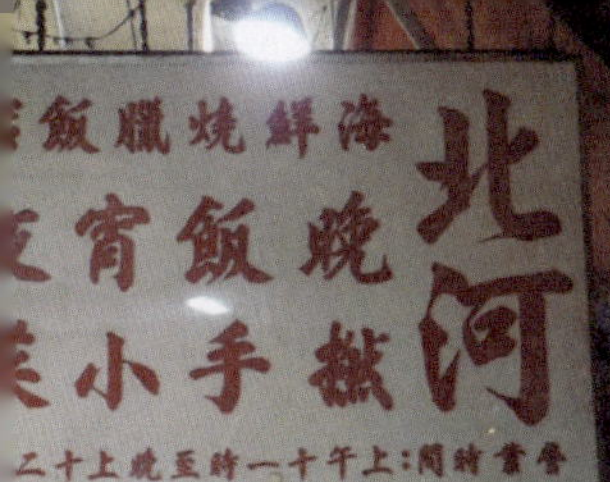

李漢寫的北河海鮮燒臘飯店的舊招牌，已被拆毀

所以要辨認李漢先生的字，首先會憑着我的主觀判斷，再根據李漢對某些字的特別書寫方法，將招牌跟原稿或已經電腦化的字體來辨認。

不過以上方法都未必百分百準確地斷定是否李漢的字，因為我在調查中發現，李漢書寫不同大小的字時，風格會有明顯不同：大字偏向北魏風格，小字則明顯是楷書。李漢留下的手稿都以楷書為主，所以在判別大字時，會因手稿不足難以比較，唯有以旁邊的小字作為佐證。單純只有大字的話，那就很難判斷了。

招牌上大小字風格明顯不同，在其他李漢字招牌上都有出現

李漢大約在一九九二年退休，所以至今仍存在於街上的李漢字招牌，至少有二十多年歷史了（見下圖）。它們大多分佈在九龍區：一是黃大仙及新蒲崗，那是我爸招牌店的服務範圍。二是九龍區彌敦道一帶，以深水埗、旺角比較集中；三是九龍城、土瓜灣等地，可零星找到個別的李漢作品。至於其他地區，荃灣竹林禪院可以找到八副李漢寫的對聯；而在沙田、元朗、西貢、長洲都有李漢字招牌的蹤影。至於香港島則未有發現，即使我爸說以前間中會到港島安裝招牌，但現在已經很難找到了。

如果想找尋李漢字體蹤跡，可以到這個網址：
https://tinyurl.com/y3plgyon

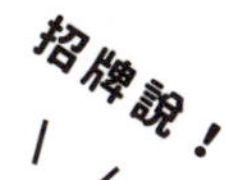

小巴水牌工匠——麥錦生先生

麥錦生先生，開設巧佳廣告公司，從事招牌行業四十多年，製作各類型招牌，並以製作小巴水牌馳名香港。

Q：李健明｜A：麥錦生

Q：請問你在甚麼時候開店？最初製作甚麼招牌居多？

A：我在一九七八年八月開店，最初為米舖顧客居多，當時米籤需求大，每間米舖需要過百支米籤。我那時月薪大約一百元，每支米籤索價三十元，每日我可造幾支米籤，收入算不錯的。當時米籤以膠片字製作，但上面的字很容易損耗。後來出現了電腦雕刻機，就多數用雕刻製作了。後來米舖式微，我們轉為製作金舖報價牌、商場的小型燈箱，以及商業大廈水牌。公司水牌每條索價過百，可帶來相當不錯的收入。

Q：以前旺角區的寫字師傅的概況如何？

A：他們主要集中在砵蘭街，由山東街到旺角道一帶。我自己懂寫毛筆字前，曾經找華戈寫字。但以前我主要找唐文偉寫字，他是負責寫無綫電視的字幕，相當出名。他很多作品都在黃埔新邨一帶出現。黎光繼承其父黎震的舖位，取名「黎震寓」，在以前南華戲院停車場門口。行內人稱他「醉貓」，他時常邊喝酒、邊吃飯、邊寫字，飯菜以小火爐保溫，一餐飯可吃六七小時。他生意很好，客戶要長時間等候。他大約一九九二年舉家移民退休。我也有光顧旺角道一位叫「肥佬」的寫字師傅，他的字比得上黎光，都是北魏風格的字，很受歡迎，他應該就是你很熟悉的李漢。

Q：以前製作招牌，寫字都是按一比一大小寫出來的嗎？

A：是的，寫字多數是按招牌大小一比一寫出來。要放大的話，只能用「打格仔」方式去做，但可能會走樣，最多只及原稿八成，我亦見過有人用投影燈放大，但投影燈不便宜，每台要幾百元啊。後來有了影印機，可以放大縮小，那就方便得多了。

Q：以前沒有電腦的年代，要怎樣畫圖樣給客戶，又是否要找專人去做？招牌的收費又有何準則？

A：如果是家庭式小招牌店，在工程開始前，一般都要找專人繪圖。當時有一個繪圖匠叫春叔，在行內很出名，專門替人畫稿，以雞皮紙繪圖。

客戶會向我們提出招牌有多大，然後我們會去現場量度，再出一份初稿給客戶。客戶覺得沒有問題，我們會出彩圖甚至實樣（一比一圖）作最後批核。

收費方面，以燈箱招牌為例，我們通常以光管的數量計算的，每支光管計一百元。如果燈箱上面的內容或製作方式複雜，必然要貴一些。

Q：你會建議客戶怎樣去造招牌？我也見過不少甚麼都不知道的客戶呢。

A：首先視乎是哪個行業的客戶吧。如果是餐廳，我會建議招牌色彩比較豐富一點；時裝洋服的話，配色要比較注意；文具店要較莊重；玩具店可以較活潑。所以最重要還是看行業吧。

Q：從事招牌行業多年，你有甚麼最難忘的事？

A：最難忘一定是打風。以前招牌用膠片製作，風暴過後一定會損壞，我們起碼要熬夜一個月修理。現在招牌因為規管嚴格，支架比以前穩固。加上現在以燈布製作，打風過後只會損壞燈布，修理也比以前快得多。

Q：你是香港第一位購入電腦切割膠片機器的商戶，當時需要投入大量資金。甚麼驅使你作這個決定呢？

A：一九八七年，在一個展覽中，我看中了一部電腦雕刻機，索價六十萬，當時已可購買兩個住宅單位，這的確是一個很大膽的投資。我一九八二年開始製作小巴牌，適逢冷氣小巴出現，出現換車潮，小巴牌需求極大。用傳統方法生產小巴牌已不敷應用，如用電腦生產的話，可廿四小時不停製作，質素亦有保證。加上這部機可製作其他招牌及製品，所以便作出如此巨大的投資。

Q：那機器的軟件裏面，有字體提供嗎？最早引入香港的中文字體有哪些？

A：沒有。如需要的話可以另外購買，每款英文字索價三千元。最早引入香港的中文字體是一個叫「神雕」的軟件，其中一款字叫「獅王體」，我很常用。

巧佳廣告公司引入的電腦雕刻機

Q：我家招牌店規模小，電腦化比你遲得多了。你覺得自電腦化後，對招牌行業有甚麼影響？

A：變化可以説是翻天覆地。首先是噴畫出現，很大程度已取代膠貼字。加上噴畫技術大有改善，以前半年就會褪色，現在經歷三年亦可接受。加上價錢平，百多元一平方米，舊有製作方法已無競爭力了。

Q：現時招牌日新月異，你怎樣看招牌的演變？

A. 現在招牌已不是我們「膠片佬」專門製作的了。現時招牌品種多，百花齊放，沒有一家店可生產所有種類招牌的。現在LED招牌技術發展迅速，我也來不及去學習。有一次去客戶辦公室開會，別人問我招牌光度有多少「lux」，耗電量多少等等，問題都很專業，我也未能即時回答，這跟我們以前製作招牌，只需向客戶交代基本資料已完全不同。據我所知，外國已開始流行一種技術，是新一代可隨時變色的LED，已經不是我們能製作的了。

Q：對舊招牌及招牌行業的消逝，你有甚麼感覺？

A：作為老一輩的人，自然感到可惜，但這是時代的巨輪所使然，你必須接受。接受不了，難免被淘汰的。正如政府現時「小型工程牌」政策，將我們這一班「膠片佬」淘汰了，招牌製作已轉向專業化。

我有很多的舊僱員自己開設招牌店，但都慨歎沒有生意。我的建議是除了招牌本業，還要兼營其他範疇，例如裝修、鋁材等，不要單純製作膠片。

Q：謝謝麥師傅的分享！

明苑茶餐廳
粉麵
牛什專家
押
轉入女人街內地舖
花園餐廳
牛扒之家
明苑
雲吞大王
Soy Street
128-60 豉油街 50-28
千輝地產
27600029

舊式街頭招牌

第二章

如何看招牌

招牌的作用

招牌是公司給人的第一印象，招牌造得金碧輝煌，能夠提升形象，如果用名家題字，字體寫得磅礡有力，更顯得氣勢不凡，遊人會駐足欣賞，從而帶動客人光顧。如果招牌造得細小不顯眼，客人看不見，就不知到店舖所在，商機也走了。若一家診所的招牌字體歪歪斜斜，你會相信這家診所醫生的醫術嗎？

展示商店名

説到招牌的作用，最基本就是展示商店名稱。絕多數招牌都會寫上店名，甚至是地址，指引客人如何找到店家的所在地（見下圖）。以街市的攤檔為例，採用紅色膠片字，放上二到四個字就足夠了。如果是寫字樓、商行的話，可能要展示中英文名稱。

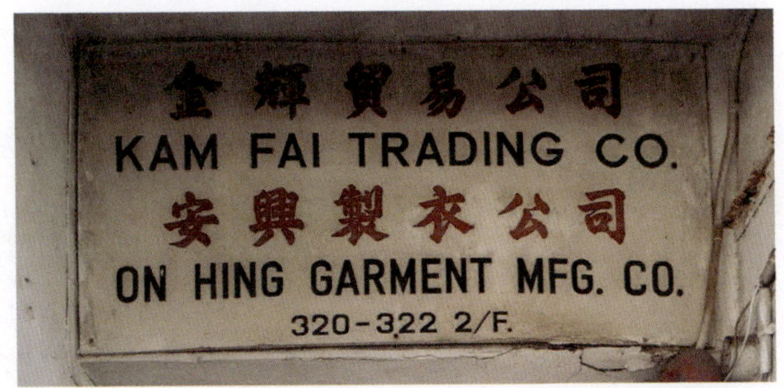

標示所屬行業

招牌的另一作用是標示公司的所屬行業，最明顯的是一些形象化的招牌，例如眼鏡店的眼鏡形狀招牌（見下圖）。這種招牌的最大好處就是一目了然，就算不懂中文的外國人，也能按圖索驥，找到所需服務。在這情況下，店名反而變成次要了。

顯示服務範圍

招牌除了店名之外，最常顯示的就是店舖的服務範圍，或者是店主的個人資料或專業資格（見下圖），讓客戶能作出正確選擇。例如以下兩個招牌，專科醫生會列出學歷、專業資格，讓病人可以找對醫生；另外也有風水師詳列服務類別，上至神功，下至命名，也算是一種有效的廣告宣傳。

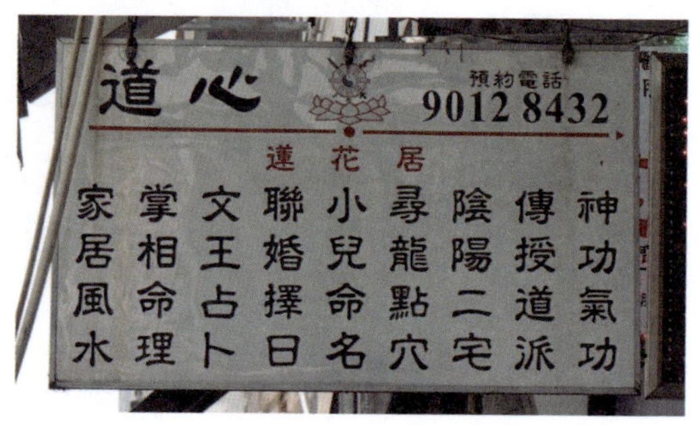

傳教

除了宣傳業務，有些招牌會宣揚商業以外的訊息，最常見的可算是各區的基督教教會招牌。除了展示教會名稱外，還會寫上基督教的宣傳句語，達到宣揚教義之效（見下圖）。記憶中也有宣傳天主教的招牌，但遠比基督教少；其他宗教例如佛教及伊斯蘭教，通常展示經文，或宗教場所的名稱及位置，鮮見其他標語。

社區地標

一些歷史悠久的店舖，除了門外的大招牌，室內都會有另一個木製的金漆招牌。通常這是由店主的祖輩留下來的舊招牌，一般都會掛在店舖後方牆壁中間的顯眼位置，珍而重之地展示出來（見下圖）。從門外看去，會同時看到兩個（或更多）招牌，有時會形成層次分明、畫面豐富的多重招牌現象。

有些尺寸很大或很顯眼的招牌，往往會成為社區內的地標。區外不熟路的人，要向別人問路，都需要依靠地標指示。通常乘坐小巴叫「有落」的都可視作地標，例如佐敦的裕華國貨、北角的新光戲院、新蒲崗的紅A（見下圖）等等，它們有一個共通點，就是有一個巨大顯眼的招牌。

隨着招牌管制愈來愈嚴厲，這類地標招牌只會買少見少。還好現在找路都可以靠手提電話導航，畢竟時代已不同了。

是水牌還是招牌

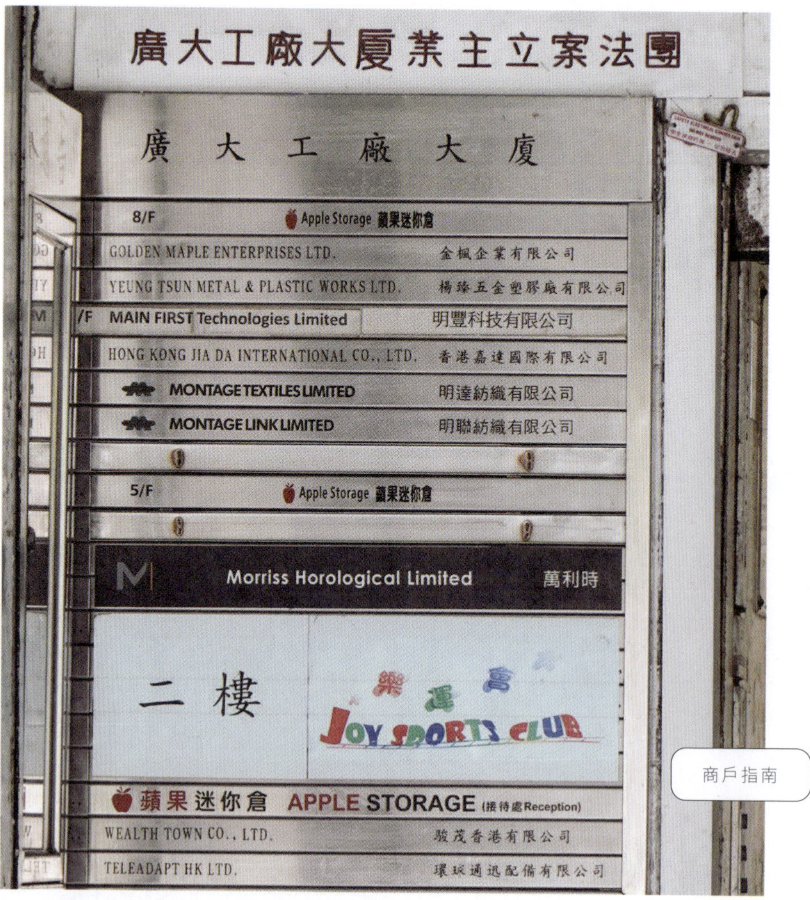

商戶指南

香港是個地少人多的城市，所以很多不同類型的商戶，都坐落在多層的工商樓宇裏面。一些大規模的商場，內裏可能也有為數眾多的商店。如果要找到指定的某家公司，商戶指南（俗稱水牌）就是必要的工具了。

一般的水牌，都可以在工商業大樓的大堂當眼位置，或者是每個樓層的電梯大堂找到。近年來有些比較大的工商大廈單位，會被間隔成多間小單位分租，俗稱「劏房」，所以有時在單位門口，也可看見水牌。由於商戶眾多，當中每家公司所佔的位置都不大，加上有些大廈的商戶流動性相當高，通常都會使用可替換的牌子印上公司名稱，俗稱「水條」，方便隨時更新水牌內的資料。而製作水條的方式，可謂五花八門，例如舊式的工業大廈內，多數使用刻字的膠片水條；而商業大廈比較講求形象，可能會使用金屬水條，當中的字則以絲印方式製作。也見過有些比較隨意的商戶，可能用紙寫上公司名稱就算。

在一些旺區的商業大廈門外，可見到一種比較大的「廣告牌」，當中密集地安裝上公司的名稱，展示其所在的樓層單位，可算是一種「群集式」的招牌，也能擔當水牌的角色。跟水牌有點不同的是，這種廣告牌所展示的公司資料較多，例如專業資格，服務範圍，以至電話號碼都有。這種廣告牌通常在比較舊的大廈門外出現，也可能受制於近年來的招牌規管，這類「戶外水牌」近年來也不算多見。

商業大廈外牆的廣告牌

近年有些多層商場大廈，都會善用外牆空間，加設燈箱或廣告牌，讓商戶可在當眼處展示其所在位置，以吸引顧客上樓光顧，帶旺人流。以旺角區為例，這種廣告招牌愈來愈大，密集排列起來，其實跟一幅戶外大型水牌無異。這樣一來，水牌跟招牌的界線，也顯得模糊了。

商場外牆的廣告牌

水牌式招牌

談到「水牌式招牌」，在旺角砵蘭街，有一幅十分顯眼，由多家娛樂場所招牌組織的招牌牆，大約有三層樓高。其上列有該大廈每層的「商號」，好讓顧客尋找。這招牌的可觀之處，一是這可算是一幅最大的「水牌」，由多個不算小的招牌，充當水條角色。二是其設計樣式，顏色鮮艷，加上由粒粒燈 LED 組成的外框及文字，跟香港傳統招牌大相徑庭。驟眼看去，以為這些招牌是統一樣式設計，但原來當中用字不單繁簡體字也找得到，而其中一家單獨地使用不同字體，有點令人摸不着頭腦的感覺。

也來看看這招牌兩邊的閱讀方向。雖然兩邊的字大致都是由左至右，但唯獨樓層都放在馬路中心位置，這也可以算是「局部讀入舖」招牌吧。

旺角砵蘭街的水牌式招牌

如何學習看招牌

看招牌其實可分為看新招牌或舊招牌兩大類。一般而言，樓宇建築的年期直接影響到招牌的新舊狀況及形態。如果是新建的屋邨或大廈，幾乎不可能會找到大量的舊招牌，除非是從別處移過來具紀念價值的舊招牌，否則招牌不大可能比建築物古老的。

新屋邨

現時新建的公營房屋屋邨，很多都不設街市而只設商場，由管理公司「妥善」管理。招牌的大小一般都受嚴格限制，商戶大多都是集團式經營，鮮見街坊小店或獨立商戶。在這樣的環境下，我們都會見到一些很「規範」的招牌（見右圖），每家商店不論行業都是一式一樣的，對社會大眾來説是很糟的情況，只能用慘不忍睹來形容。

有些商場情況較好，招牌製作相對精美，經過精心設計，色彩繽紛，會利用最新、最流行的方式及物料製

作（例如 LED、吸塑、平版印刷直接打印到物料表面等），雖然可能看慣了有些生厭，但聊勝於無，有興趣的不妨細看，自行判別好看與否。

如果是新建的大商場，情況又會怎樣呢？現在的商場在建築方面大多花盡心思，樓底高，空間感十足，加上店舖的裝修亦比較講究，招牌相對而言，處於較次要的地位，除非是佔有龐大舖位的名店，否則比較難見到令人眼前一亮的招牌。

舊地區

如果要欣賞舊招牌的話，大可以去舊區看吧（見上圖）。可是並非每個舊區也會找到大量舊招牌的。以旺角、銅鑼灣為例，仍留有一定數量的舊樓，但因為交通便利，租金高昂，引致店舖流轉很快，舊招牌自然加速消失。當中留下的少數老店，可能是自置物業，舊式招牌才能保存，於是這裏的招牌，新的舊的都可以看到。我最喜歡去這些區域看招牌，因為可以看到最多種類的招牌之餘，又看到舊招牌，即使是新招牌，也比較多樣化，至少不如大商場或新屋邨街市般沉悶。

想找到大量舊招牌的話，個人推薦上環及西營盤。一來香港島比九龍新界較為富裕，有機會看到比較華麗的招牌，二來該區地鐵通車較晚，發展相對緩慢，舊樓林立，老店比率較高。

舊型的公共屋邨方面，也能找到很多舊招牌。以華富邨為例，至今仍保存古老的冰室、醫務所、理髮店等各式店舖，無論是不同字體及製作方法都能找到，只是屋邨幅員廣闊，要花點時間才可走完。另外一些舊街市內，可以找到白底紅字的傳統街市招牌，只要不怕環境比較髒，都可以去看看的。

冰室

醫務所

理髮店

只看舊招牌嗎？

香港在近年社會氣氛變化下，盛行懷舊風潮。通常看招牌，都只會看舊的，而新招牌給人的不良印象，普遍可以歸納為下列幾點：

- **粗製濫造**
- **用色誇張**
- **使用簡體字**
- **不耐用，很快損壞或脫色**
- **LED 燈很刺眼**
- **集團經營商戶，招牌千篇一律**

我作為製作招牌的人，很老實說，上述問題其實昔日也存在，只是粗製濫造、不耐用的招牌，肯定不會保留到今日。以前也有用色誇張的招牌，但因為屬少數，或因脫色問題，早就被換掉了。我們看得到的舊招牌，能經歷數十年歷史，製作肯定是比較精良。正因如此，現在看到的舊招牌，多數是金字、紅字或黑字。這些顏色就算脫了色，仍然比較顯眼。

現在新招牌多以電腦噴畫製作，很容易製作色彩繽紛的招牌及廣告，甚至把照片加進招牌。在電腦出現之前，要製作含有照片的招牌，只可以用菲林打印，製作困難，成本極高。現時的技術是以前所夢寐以求的，所以今日的招牌或廣告，只會比以前更豐富，不同的只是風格。現時更換招牌的周期，肯定比以前短得多。一方面香港租金高昂，租約期短，招牌製作用料肯定不如以前講究，無可避免地比以前單薄，會使用價格相對廉宜的招牌。如果招牌損壞，現時可能直接更換，不會維修了。另一方面，近年政府對戶外招牌的限制甚為嚴謹，造成小商戶避免製作比較大的戶外招牌，所以近年招牌也變得愈來愈細小，以符合規範。

至於招牌受內地風格影響，這可從兩方面來看。首先一些被大眾認為很難看的招牌，有相當大的部分的確來自大陸，但通常都只是一些低價的招牌或廣告，以應付最基層客戶的需求。另一方面，我在廣州繁華的北京路商業區所見，有很多設計新穎的招牌出現，看起來感覺不錯。有些招牌甚至配合店舖的裝修，渾然一體。雖然不知那些招牌在哪裏生產，但估計大多數都是產自中國大陸。內地廠家的質素比以前已有所提升，所以香港已有大部分的招牌會轉移往內地生產，本地工人主要負責安裝或維修工作。只要設計及監工環節做得好，其實現在的新招牌，也可以相當美觀的。

招牌的製作方法及外觀，一直都在不斷演變，例如由匾額演變而來的金漆招牌，變成我們熟悉的膠片或金屬招牌，再變成膠貼及噴畫招牌。現在更有大型 LED

招牌，雖然比較粗糙，但相信將會出現更細緻、更節能、更堅固的 LED 屏幕，能時刻更新內容，到時招牌的功能及定義，將會大幅改寫了。

近年來懷舊風氣盛行，因此不少「仿古」招牌湧現。其實做得像不像，很多時都是設計方面的問題，例如用錯了感覺時髦的電腦字型（見下圖），或者是製作方法不對，看起來像真度不高。幸好現時社會對保育的意識慢慢提高，對傳統手藝的保留傳承更加關注。製作仿古招牌的話，最好還是使用傳統工藝，霓虹或亞加力招牌都是可行之選。

中國內地的「港式」招牌

再拿一家廣州的港式茶餐廳作例子。看似平平無奇，但細看之下，可以看到仿古招牌及裝飾的。這家餐廳用上傳統港式米字瓷磚舖砌外牆，右上角招牌也使用了真正的霓虹燈。最令我驚喜的是大門左邊的水磨石招牌，手工絕對過關。當然細節上還有可以改善的地方，例如應該使用更合適的招牌字體，水磨石招牌的字要一次完成，避免後加金屬字，黏貼在水磨石上，

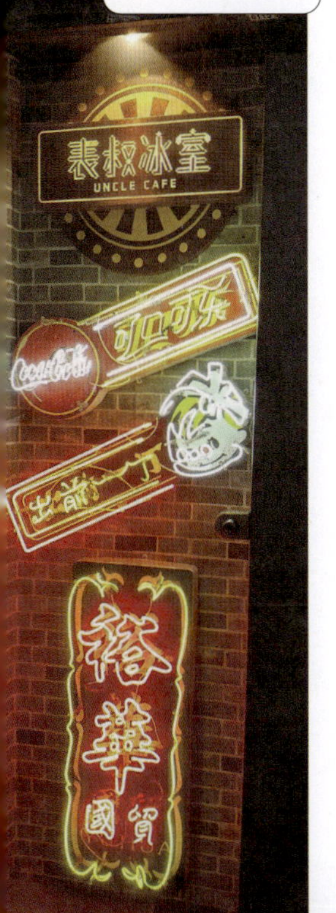

廣州大南路招牌店的展示櫥窗

仿古招牌，卻用上現代感覺的字體

廣州北京路

日子久了會容易脱落。原來內地現已有人掌握各種招牌製作技術，相信在未來日子，會看到更好的仿古招牌，製作成本也會降低。

現在新招牌無論在設計或製作方面，感覺比以前變化多樣，配合現時的社會環境，招牌跟以前的有很大不同。現時亦不乏設計優秀、製作精良的新招牌，只是日常看慣了，不以為然。如果多點欣賞各種新舊招牌，便可以分辨當中的好壞。

出外看招牌，有甚麼要注意？

我發現原來有不少人跟我一樣，喜歡在街上留意各類招牌。有些要點需要注意，跟大家分享一下。

應付店員的技巧

首先看招牌時，難免會在別人店舖面前流連，走來走去。如果在這時候知道自己被人注視，可能會令自己看似鬼鬼祟祟，心懷不軌。但要記住，自己並不是在做壞事，也不要左顧右盼，裝作看其他地方，只需看自己需要看的東西就是了。有時我也試過被店員詢問我在看甚麼。其實直接跟他説看招牌就是了，補充一下為甚麼我要看這個招牌，再説明自己對招牌有興趣就可以。通常這時店員就會停止追問，我也從沒遇過有人留難，即使出來問我的，是一位外表兇神惡煞的大漢……

遇着十分有特色的招牌，當然可以上網搜查該店的資料，但最有效的方法，就是直接走進去問店主或店員。首先是要選擇適當時機走進去，繁忙時間當然絕對不可打擾別人吧。我通常在走進去時，找年紀比較大的詢問，雖然未必是店主，但通常都會對該店的歷史比較了解的。開口的一刻，必須直接道明來意，説自己對招牌有興趣，再加上美言幾句（這個很重要！），説該店招牌很有香港特色、有歷史、很美麗等等。通常打開話題後，店主就會或多或少地向你提供該店的資料。

拍攝技巧

看招牌難免要把招牌拍攝下來，一般而言，在店舖門口看到值得記錄的招牌，最簡便的方法，就是用電話拍攝下來。遇着店家詢問在拍攝甚麼，直接告訴他們在拍招牌便可。可以的話，給他看看剛拍攝的照片，通常店家看也不看，便返回工作崗位了。

單單使用電話拍攝招牌，效果未必最好，尤其是拍攝遠方的招牌，或者是要拍攝招牌細節，便需要一個可供遠攝的相機。單鏡反光相機拍攝照片，無疑質素最高，但如果拍攝時拿着專業相機加上「大砲」的話，難免被人懷疑你究竟是不是記者，引起別人戒備，甚至可能因此干預拍攝。現時有許多便攜相機，拍攝效果雖然不及單反，但可減少別人注意，店家亦會減低疑心，拍攝會較便利。

相機的焦距亦需要注意。我有兩部相機，一部質素較好，可以在夜間拍攝，焦距為 24 - 200mm，適合拍攝大部分場合。日間可在坐車時拍攝街上的招牌，以連環快拍記下所需要的招牌畫面；夜間亦可拍攝霓虹及 LED 招牌，微粒不太粗，反正不是拍攝藝術照片，足夠用來記錄便可以了。另一部相機是超遠攝相機，機身稍大，但焦距長達 1400mm，可以在遠處拍攝招牌及其細節，減省步程之餘，由遠方拍攝招牌，圖像較少機會變形。近看的話，因為在招牌下方，難免要仰視招牌，或者要用廣角鏡拍攝，造成變形。

如果在新建的大商場拍攝招牌照片，就要注意商場是否禁止拍攝。在那些地方用單反拍攝，肯定是自找麻煩；就算是便攜相機也可免則免。如果真的想拍一張半張，最好用電話拍攝，總之不要拍攝別人私隱，或不合法的照片就可以了。

最重要的放最後，看招牌時，要環顧四周，注意安全，小心車輛行人，不要撞車、撞人、撞燈柱。

招牌上的英文

閱讀有關字體的書籍，都會留意中文與英文排在一起的時候，該如何配襯的問題。現在有大量的電腦字型，當然可以隨自己喜好去選擇。最懶的當然是使用中文字型內含的英文字，但效果通常不會太好。

現在看招牌多了，自自然然會歸納出一些基本設計法則：黑體、圓體字因為線條平直，最好配上無襯線的字體（我們招牌佬俗稱無腳字或平腳字），例如是 Helvetica；而宋體、楷書最好使用有襯線字（俗稱雞腳字），最常見的當然是 Time News Roman 了吧。

上圖是一個比較有趣的英文例子。中文都是手寫書法字，而英文居然用上兩款字體，店名用草書，店舖性質則使用扁身黑體字，兩者看起來有些相似，但這未必是當時英文字體的配搭方式，因為多數招牌都只會使用一款英文字體。

在沒有電腦的手寫字年代，我所接觸到的街坊小店招牌，大多只有中文，這與區域及服務對象有關。我家招牌店在黃大仙，無論街市或附近七層大廈徙置區的小商店，街坊全以中文溝通，老一輩教育水平不高，所以招牌上不需英文。

一般而言，需要附上英文的招牌，通常是診所、寫字樓、商業大廈及其範圍內的告示牌等。我在街上拍攝的招牌當中，當然也有中英對照的。不知是否基於巧合，我看到的傳統中英對照招牌，都是中文字紅色，英文字黑色。或許是想中文顯眼一些，所以使用紅色吧。

中、英文字配搭的招牌

中文字紅色，英文字黑色的招牌

按照中英文字配襯的慣例，楷書應該配上有襯線的英文字型，但在街上看到的中文手寫字招牌，往往都配上無襯線字體（見上圖）。這是因為一般招牌店為求製作快速，以及節省時間，英文字都是自己繪畫出來，俗稱「間字」。招牌師傅的美術水平往往有限，可能只可繪畫無襯線的「直腳字」。這雖然不符現代的中英文混排的習慣，但在手寫字招牌上，往往都看得順眼。沒法子，可能是手寫字的特權，看慣了有感情。

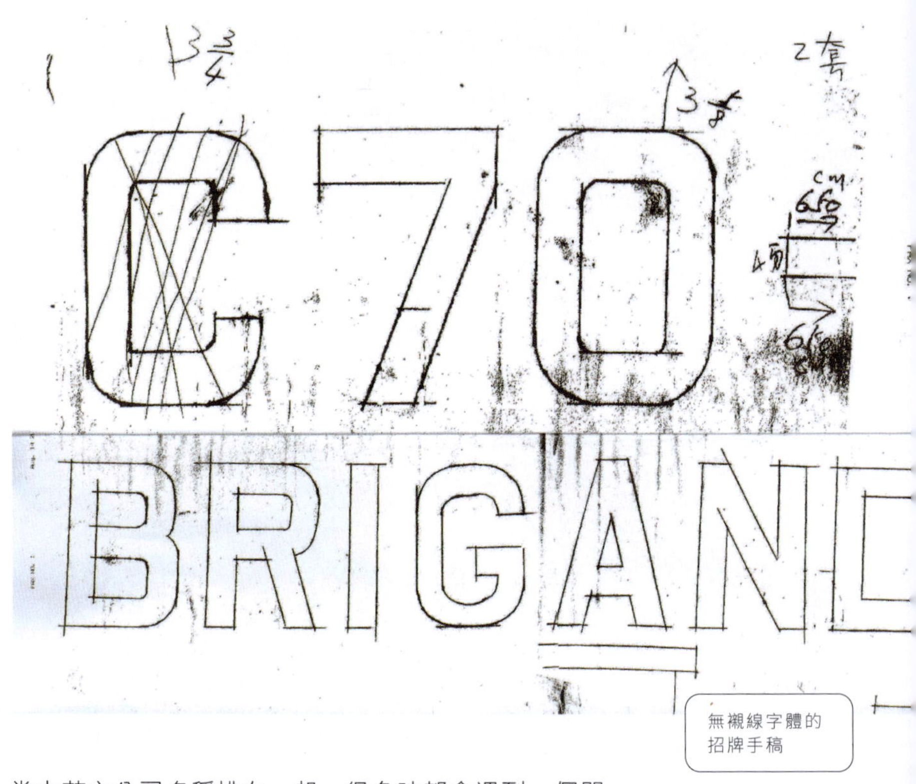

無襯線字體的招牌手稿

當中英文公司名稱排在一起，很多時都會遇到一個問題：中文字數比英文少得多。解決方法不外乎幾種，一是縮短英文的長度，盡量用簡寫，但很多時未必合用。二是把英文字縮小，或者把英文字排成兩行，但中英文大小會很不平衡。三是最常用的方法，就是把英文字拉高一點，使中英文字大小比較平衡。

可是有些例子比較誇張，我見過將英文拉到像中文一樣高（甚至更高）的情況（見下圖），而且這時英文會密得像二維條碼一樣，很難看得出是甚麼字。或許可以試試用手機的掃描 app 掃描一下……

異體字

看到現在的小學課本極為艱深，我自問在中學會考時，中文科成績不錯，但以今天的標準，或許會不及格了。原因是現時學習正確中文字的寫法相當嚴格，例如「告」字的寫法是「上牛下口」，「電」字的下方要穿頭，「周」內的「土」要穿底⋯⋯總之，原來我一直寫錯了很多字。以前老師要求沒那麼嚴格，總之看起來沒有成為第二個字便可以了（總不能將「千」寫成「干」吧）。我不能説誰是誰非，只希望老師不會太矯枉過正吧。

中文字怎樣寫，除了追本溯源，考究正寫是甚麼以外，很大程度上都是約定俗成，大多數人怎樣寫，我們都會接受。於是同一個字，會出現不同的寫法，是為異體字。

香港在八十年代以前，並未有像大陸及台灣般規範中文字的正式寫法，以及未有整理出異體字表。因此，在香港可以見到異體字的例子可不少。例如食物方面有「雞」字及「鷄」字，地方名有啟德的「德」字，以及玉器的「器」字等等。

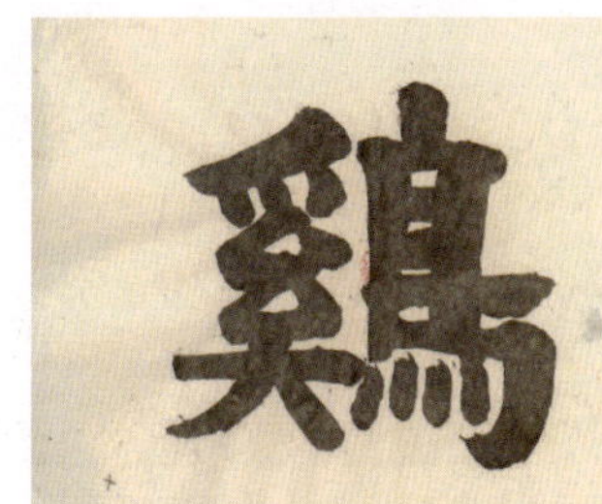

李漢先生的隸書原稿

當然，所謂異體字不能由寫字匠任意創作，也要根據前人習慣來書寫；而在中國大陸或台灣，均已整理出異體字表[1]；亦有書法家整理出來的字帖供參考，例如《田英章異體字大全》。

寫字匠不時寫出異體字，除了出於其個人學識以外，我估計也是想令招牌字更生動，彰顯招牌的獨特性，不會千篇一律。既然是手寫字，寫的時候可以隨心所欲，不像現在電腦字那麼局限。

(照片提供：Naldo Wong)

舉一個很常見的例子，就是「麵飽」。其實這二字的正寫應該是「麪包」的，但大多數店家將「麪」寫成「麵」，可是「麵包」二字視覺有點不大小平均，「麵」字看起來總比「包」字大，所以給包字一個偏旁，成了「飽」字，兩字變得平衡了。何況老人家常說「食包包食飽」(吃包一定吃得飽的意思)，寫成「麵飽」也變得順理成章了。由此可見，異體字有助潤飾招牌上字與字之間的平衡。

我在看街道文字的時候，也有發現有些字的寫法，跟現在的電腦字型不一樣。可能是現代人寫字的習慣與數十年前的不一樣，當年的約定俗成，現在看來卻有點奇怪了。這種情況，我在看李漢港楷原稿的時候也有發現，畢竟那是大約三十年前的作品了。

1 台灣有國字標準字體，內地的簡體字亦有通用規範漢字表

兩個不同時代的「段」字放在一起，攝於薄扶林華人永遠墳場

簡體字

簡體字是現時中國大陸使用的規範字體。除此以外，新加坡、馬來西亞等地也有使用簡體字。有些人誤以為簡體字是在一九四九年後出現，或者在一九九七年以前的香港很少使用。其實簡體字自古以來就有，就像異體字一樣，畢竟一個中文字很多時有多於一種寫法。有關簡體字的歷史，這裏不詳述了，我也不是文字專家，只從使用方面的角度去分析簡體字吧。

簡體字其實一直都存在於華文世界，與繁體字夾雜使用，在手寫字的年代，基於不同人的書寫習慣，有時會使用簡體字。例如在跑馬地天主教墳場，看到這副

非常著名的對聯，據悉已有近百年歷史，當中「他朝君体也相同」的「体」字，就是簡體字（見上圖）。我也見過一些招牌，會有少量簡體字夾雜在繁體字當中，應該是客戶的要求。

中國大陸在一九五六年發表《關於公布漢字簡化方案的決議》，自此以後逐漸全面使用簡體字。時至今日，一些大陸駐香港的公司，都會使用簡體字；但據我個人觀察，除非是與大陸、新加坡或馬來西亞有密切關聯的公司招牌會使用簡體字外，本地公司絕大部分都使用繁體字。香港開埠以來使用的都是繁體字，一些老一輩的香港人看不慣簡體字；如果在招牌上全部都用簡體字，或許會令人誤會其公司的背景或業務性質。

有時在製作招牌或告示牌時，會因為個別單字特別複雜而影響整體製作。以這件小小的鑼字牌為例（見下圖），當中「亂」字是簡體。因為鑼字牌是以雕刻機加上旋轉式雕刻刀製作，而雕刻出固定粗幼的圓體字。這裏「亂」字用繁體字的話，會因筆劃過多而糊成一團；若用幼點的刀去遷就，其他的字會變得太幼。加上多數人也懂得「乱」字，不影響閱讀之餘，遠看亦更清楚。

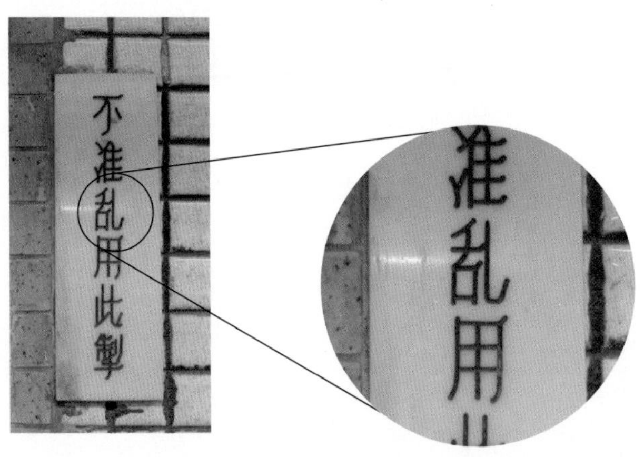

相同情況亦會出現在難以製作複雜筆劃的情況上，例如鐵閘勾通字，噴漆字或較小的膠片字。但使用簡體字只會套用於最複雜的字上，基於香港人的閱讀習慣，未必全部使用簡體字。

有些人會對簡體字有所抗拒，而我個人對簡體字其實並沒太大感覺，文字向來都是傳遞訊息的工具，視乎情況使用便可以了。當然，我作為一個製作字體的人，感覺繁體字在美感上比較優勝；而一些具有傳統中國特色的行業，例如藥材店、跌打館、古玩店等等的金漆招牌使用簡體字的話，説服力難免會打了折扣。

中國大陸在一九七七年發表了《第二次漢字簡化方案（草案）》，推出了二百多個「比簡體更簡體」的簡體字，還有六百多字留待討論，這批字被稱為「二簡字」。簡化程度可謂慘不忍睹，推行不足十年便廢止了。雖然這批「殘體字」最終沒有得到官方認可，但有些仍在民間使用。在香港最常見的是將「街」寫成「亍」（見下圖），多數都是手寫的指示，正式製作的二簡字招牌，幸運地我還沒有見過。

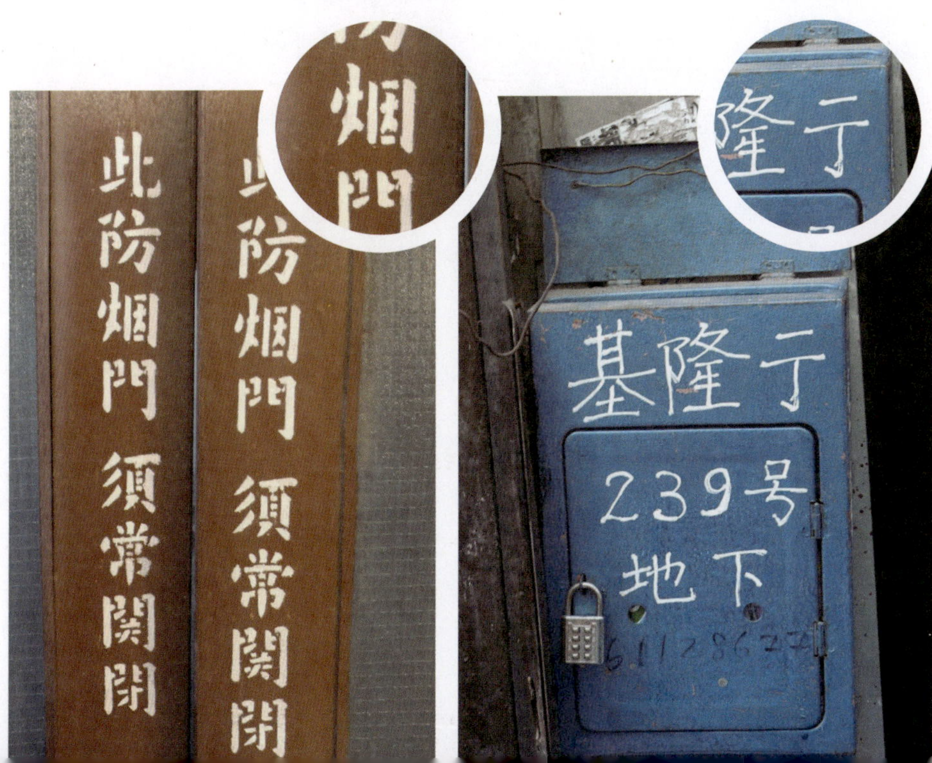

淺談手寫招牌字體

首先要講明，我是不懂書法的，所以要講手寫字，有點慚愧，只能純粹從招牌的角度討論。畢竟從小到大對書法沒有興趣，也毫無美術細胞，在校時常常欠交美術功課，學科成績差點不及格，所以要講字的美學，純屬紙上談兵，希望沒有太多錯漏吧。

二〇一七年有幸參加著名設計師劉小康的講座，內容是分享台南的街道字型、廟宇匾額等等，亦有談及香港的招牌字。劉先生認為，現時招牌的設計及格式，很大程度上是演變自匾額。在一個木牌上，字數較少，字體要工整醒目，威嚴有氣勢，看起來正規端莊，匾額和招牌有着很多的共通點。後來拜讀小林章《街道文字》一書，介紹日本招牌看板的製作要求，列出三大要點：遠處看得清楚、製作容易，以及看起來正規。這些要求到了今時今日，各地的招牌也能夠套用這些原則。

香港風格字體

香港是個人煙稠密的城市，連帶街道上所有事物都很密集。在這種環境出現的招牌，如果商戶預算比較充裕，便會盡量把招牌造得巨大，但更多的是在有限的大小之內，盡量令招牌變得顯眼。彩色繽紛固然是一種選擇，但並不是各種行業都能接受，最簡單直接的，就是從字體方面着手。

小時看老爸製作招牌，和客人的對話，現在回想起來，就是很好的例子。作為一個「招牌佬」，有時會跟客人直接交易，可與客人商討招牌設計，自由度較大，也可聆聽客人的需求；有時會收到一些來自設計公司或建築公司的分判工作，最終客戶可能是大公司，一早已有設計定案，只要不是製作上有問題，依照設計圖製作便可以了。

設計圖當然包含設計師的意念，但最終拍板使用的是客戶；而招牌字體的樣貌形態，亦蘊含寫字匠的書法功夫，但最終決定是否使用的，也是客戶。換而言之，無論是設計師還是寫字匠，他們的作品很大程度上，都是基於市場需要。

市場需要

談到市場需要，可回到小林章提出的三個原則：遠處看得清楚，看起來正規，都是客戶的要求；製作容易，應該是招牌師傅的要求。所以寫字匠寫出來的字，必須滿足招牌師傅和客戶，我認為，以前的寫字匠，他們寫出來的字，很大程度都是受市場的影響，他們本身的風格應屬次要。

在香港這樣的密集環境，要使招牌顯得比較搶眼，首先是字要盡量大，差不多佔滿整個招牌；二是筆劃要粗，老遠便可看得到；三是最好鐵畫銀鉤，字字有力有氣勢，令人感覺商戶穩健可靠之餘，也更有氣勢，不好欺負。

從招牌師傅的角度來看，要令製作工序簡化，字體方面亦有學問。對一般招牌而言，粗筆劃的字會比較方便製作，而幼筆劃的字比較容易斷裂，加上氣勢通常較弱，遠看亦不清楚，所以招牌大字一般都比較粗。此外，很多手寫招牌字都用行書方法，將字的所有筆劃盡量連在一起，這樣招牌師傅在安裝時，便不會裝錯筆劃，非常方便。然而，不是每種招牌字都需要筆筆相連的，製作銅字或金屬字時，因為物料昂貴，招牌匠會將字拆散，增多細小部件以用盡物料。此外，一些很大的字，如果將其拆散，也會方便製作，運送及安裝。

在電腦出現之前，如果街坊小店要製作招牌，客戶一般都會信賴招牌師傅，不會事先要求圖樣，連招牌上用甚麼字體，都是由招牌師傅決定的，直至收貨一刻才知道招牌的樣子。正是這個原因，在舊式街市內，可以見到五花八門的字體：楷書、北魏，甚至隸書的菜檔招牌都有。

除了手寫毛筆字外，有時也會見到手繪的美術字。因為不是電腦字型，沒有專業字體設計師的製作及微調，質素難免有差異，但這也是手繪字的有趣之處吧。還有一些手繪美術字，營造絲帶飄逸效果，這種手法常見於七八十年代，現在已買少見少。

招牌中文閱讀方向

(照片提供：子喬手作皂)

有網友在社交媒體跟我討論，説我製作的李漢字型風格古雅（我不覺得是啊！），所以書寫方向應該沿襲中國傳統，即是右至左。首先聲明我不是一個書法家，只是一個招牌佬，而且字寫得不好，以書法角度跟我討論，已令我萬分驚喜。其次是我通常以實用及製作招牌角度出發，基本上看得明，沒有誤會就可以了。除非好像這個招牌，左右都讀得明，又另作別論。

左右讀

手寫字招牌跟書法其實有很多差異。有時相鄰店舖招牌方向不同，甚至同一地方的兩個招牌，也會出現閱讀方向不同的情況。簡單來説，最重要是看得清楚、看得明白。至於向左讀向右讀，懂得閱讀中文的人都會自動調節。

直排的招牌，也有左右讀的問題

向左讀及向右讀的招牌

向左讀、向右讀，同時出現

讀入舖

在香港的密集環境下，有時單單掛出招牌，或許不足以準確標示商號所在。有一種招牌十分常見，安裝方

讀入舖的招牌

向通常與店面垂直，吸引自店舖兩側經過的行人。

這種情況下，招牌兩邊的閱讀方向有所不同，商戶名稱由馬路向店舖方向閱讀，以展示店舖所在，亦有將客人帶入店舖的寓意，稱為「左右讀」招牌，我爸稱之為「讀入舖」。

讀入舖招牌其實很常見，我在帶導賞團的時提起，參加者表示大多沒有在日常生活中發現，可見大家都習以為常了。我也留意到只要是橫向伸出街外的招牌，很多都是「讀入舖」的，及至近年製作的雙面招牌，才大多兩邊的閱讀方向是相同的。

既然有「讀入舖」，有沒有「讀出」的呢？答案是有的，但非常少見。我覺得這很可能是裝錯了，或者是遷就現場環境，故意將招牌安裝成這樣的，其實這沒有很多人會留意的，也不影響閱讀或美觀。

讀出舖的招牌

跳躍閱讀

另一種同時出現不同閱讀方向的招牌，就是以店鋪正門為中心，造兩組招牌字，一組向左，一組向右（見下圖）。至於由中間輻射開去，還是向中間讀過去呢，視乎店主個人喜好，兩種情況也見過，沒有分對錯。這種招牌應該比較舊式，新的招牌可謂絕無僅有。

有時這種左左右右招牌的確會比較混亂，雖然看多了就習慣，但個人還是不太喜歡。記得十多年前，新蒲崗出現過一個手繪油漆字招牌，字由建築物的一角向兩邊輻射開去，中文如是，英文也如是，我每次經過抬頭看都會笑出來。又有情況仿似公開試閱讀理解題目般深奧，既非左讀也非右讀，總之幾個字總會讀得通，姑且稱之為「跳躍閱讀」吧（見下圖）。幸好這種情況不算多，否則真的有點混亂呢。

閱讀方向不清晰的招牌

從電話號碼看招牌年代

我在帶領導賞團時，不時都有人問我，如何判斷招牌的製作年代呢？當然問店主是最直接了當，但未必人人都像我般臉皮厚，而遇着那店鋪已結業，或店內無人知道的話，可從一些間接的方法來推敲。當中最有效及最準確的方法，就是從招牌上的電話號碼得知。

有些招牌會寫上店家的聯絡電話，也有些招牌工匠會在他們所製作的招牌上，寫上他們的名稱及電話，一來方便店主聯絡維修，二來可作宣傳之用。而手寫油漆字招牌的下方，很多時也會找到他們留下的「落款」及電話。

香港早於一八七〇年代已引入電話，但相信當時打電話都要倚賴接線生。我在網上舊報紙資料庫翻閱了一下，做了一個非專業的調查，記錄了香港電話號碼的轉變：

年份	電話號碼
1900—1920年代初	三位數電話號碼。
1920年代中	四位數電話號碼。
1930年代	五位數電話號碼。
1964年左右	逐漸轉為六位數電話號碼，並加上地區字頭。香港為「5」，九龍為「3」，新界為「12」，在七十年代改為「0」。大約八十年代初，在地區字頭後，開始出現七位數電話號碼。
1990年	取消地區字頭，全面改為七位數電話號碼。與此同時，手提電話逐漸普及，已是八位數字。
1995年	電話號碼增至八位。

一九六四年後，電話號碼轉為六位數，並加上地區字頭。因為位於同一區域不需要撥打地區字頭，所以有時會省略地區字頭不寫出來的。記憶中香港出現過九位數字的電話號碼，那是屬於傳呼機秘書台的電話號碼，於九十年代短暫出現，後來轉回八位。

講到傳呼機電話號碼，以前沒有手提電話，傳呼機就是一種常用的通訊工具。當時需要打電話上傳呼台，首先向傳呼員講出要向哪位留言（每位收訊者都有一個三至四位數字代碼），再留下簡單訊息或電話號碼，待收訊者打電話到傳呼台聽取訊息。所以，當時傳呼台電話與收訊者號碼，都會一併寫在卡片或招牌上。

寫法是：

一. 345678 – 6789

二. 345678叫6789

三. 345678 call 6789

前段數字是傳呼台電話號碼，後段數字是收訊者代碼。這種傳呼方法自九十年代中文傳呼機出現而慢慢式微，所以這種電話號碼，多數在七十到九十年代初期出現。

根據我的觀察，現存招牌同時寫有電話號碼的，最古老的是五位數字，但為數極少；而六位數字為數仍有相當多。有些看起來很舊的招牌，但上面寫有八位數字電話號碼的話，就可以知道它有多久歷史了。

同為七位數電話號碼

☎ 7258660 1128517-2866

承接裝修工程

多重招牌

多重招牌引人注目，

更是實力的表現！

招牌的作用，除了展示店名字號，標示店面的所在，有時還會用作廣告牌。如果店面空間充足，商戶很多時會製作多於一個招牌。至於一家店鋪會製作多少個招牌，相信很少人會留意，反正街坊店鋪給人的感覺沒有很整齊，有時多一個半個招牌，也沒有人會發現的。

經過一些舊區，店鋪位於戰前舊樓之內，樓宇範圍覆蓋行人路，靠車路方向會有柱用作支撐樓宇。這些柱子正是絕佳的賣廣告位置。在香港的舊照片中，可以見到廊柱廣告林立的壯觀景象。而且「騎樓」（露台）的外牆很多時會用油漆字或水泥字寫上店名，如果店鋪實力較好，在樓宇外牆也會加上一個大招牌，如果是霓虹招牌，會更引人注目。而在店面兩側的行人路上方，有時會加上與店面垂直的招牌或燈箱，行人路上的人會看得清楚。

從正面去看店面，有時會看到一個很有趣的畫面，就是同一時間看到幾重招牌（見下圖）。通常都會在一些比較富有的店舖出現，例如金舖或當舖，舖面較大而且深，裝修也比較華麗。

如果逐層招牌來看，可以這樣分析：

第一重	店面上方的大廈閣樓外牆。
第二重	店舖大門上方，以及店舖大門兩側。
第三重	當舖：大門內屏風； 金舖：店舖中間的橫樑。
第四重	店舖最後方的牆壁或掛在店舖後方的金漆招牌，多為最古老，店主最珍而重之的招牌。

使用多重招牌的皮革店

我認為多重招牌除了是盡用店內位置，多造招牌引人注目外，還可能是出於實力的表現。情況就像中國古代的大宅，可分三進，五進，七進以至皇宮的九進，愈多進數愈是豪華，而招牌層數多，看起來也有氣派。

多達五重招牌的金行

最極端的例子，是在中環曾經見過五重招牌，那是一間古老的金舖。雖然招牌數量多，但看起來和諧而不雜亂，路過時不特別注意的話，很容易錯過。

多重招牌多出現在舊區，都是一些歷史悠久的老店，很可能是自置物業，保留舊式裝修陳設之餘，亦願意花錢在招牌之上。相反新式店舖因空間較狹小，加上多數都是租戶，租約期短，能花在招牌上的預算有限，很難見到多重招牌現象。同樣情況都會出現在人均收入較低的區域、公共屋邨或工廠區，畢竟這些區域大多都是小店，或者以服務街坊的行業為主，例如食肆、士多和文具店，日用品店等等，店面不會很大，所以一至兩個招牌已經足夠。

多格招牌

香港招牌有一個特色，就是特別的霸道，特別想引人注意，自建築物橫向伸出，甚至延伸至馬路中心。因為方便製作，很多時都以鐵架形式裝嵌，並絕大多數以雙面製作，在馬路兩邊都看得到。這種招牌於香港多個區域都可以見到，但我在研究香港招牌的參考資料中，卻很少提及。我不知道這種招牌的特有名稱，或者稱之為「多格招牌」吧。

多格招牌能在香港廣泛出現，個人估計與香港環境空間狹小有關。因為很多招牌工場面積不大，甚至位處多層工廠大廈裏面，如果要製作引人注目的大招牌，必定相當困難。就算擁有一個比較大的工場，能生產大型招牌，運送亦相當困難，所以將招牌拆散，到現場裝嵌成型，能減輕成本之餘，亦切合香港的實際環境。

香港招牌多以中文為主，在多格招牌上面，例如是商標，公司名稱等主要資料，許多時都是每字佔據一格。而一些次要資料，例如「公司」或「有限公司」，則可能每格二至四個字。至於文字的閱讀方面，招牌兩邊很多時都是相反的（見另章＜招牌中文閱讀方向＞）。我沒有見過英文在多格招牌上出現，因為英文由字母組成，每字長短不一，在這種招牌上，排版十分困難。

多格招牌其實有很多款式，帶大家看看：

最基本的單層的橫排式，手寫油漆字

側向方形

雙層，上層方形，下層長方形，下層一格兩個字

橫式與直式同時出現，其中一格是「有限公司」四個字

L型，每個方格都是發光燈箱，其中一格還有霓虹燈

很罕見的圓形與側向方形

以上就是香港現時可見的招牌，而且絕大部分都是「讀入舖」的格式，而「多格招牌」確實只適用於中文字，英文就無法如此製作了。

失修招牌及廣告

香港失修的招牌和廣告，多數出現於舊區，尤其是老店遷走、老店無力維修，或因政策改變而導致消失的地方。類似的現象在美加被稱為「ghost signs」，即那些已不再使用但仍留存於建築表面的舊廣告和招牌，為城市增添了一點滄桑感覺。

位於深水埗的外牆廣告

這些失修的招牌和廣告有着多樣的形態，因時間的流逝而造成了不同程度的破損。少數招牌上的立體字仍保留原來的彩色，但更多的立體字則已被油漆或其他物質遮蓋，但仍能辨認其原貌。還有部分招牌上的字體因年久失修或人為破壞後僅遺留下痕跡，以及用作固定招牌字的膠水或螺絲。

顏色仍被保留的破損水泥字

失修招牌的存在位置也反映了其歷史背景。在某些情況下，這些舊招牌被新招牌遮蓋，但當新招牌損壞或拆除後，舊的痕跡得以重見天日。此外，它們可能位於舊樓大廈的外牆，或即將重建的舊樓上，在清拆之前，將舊招牌短暫地再重現眼前。

這些失修招牌和廣告的製作方式，當然是一些舊式方法。例如水泥字，通常直接鑲嵌於建築外牆，堅固耐用之餘亦具立體感。另外還有立體木字或金屬字，只是這些多數都因大廈外牆維修，而髹上跟外牆一樣的顏色，肉眼難以判別其製作物料。手繪的油漆廣告則是一種更靈活的表達形式，能因應不同的設計需求而呈現出多種視覺效果。

似乎是長期被遮蔽的油漆字

難以判別材料的立體字

精美的馬賽克文字

很有六七十年代感覺字體的油漆字

有地區字頭的六位電話號碼

失修招牌不僅是視覺上的遺跡，更能展現社會過去的點點滴滴。透過招牌上的文字和圖案，可以回溯以前的店鋪以及它們的功能，是很有意義的社區歷史材料。這些招牌展現了不同的製作工藝，例如手繪、油漆、水泥字等，反映了過去的技術水平和美學標準。此外，招牌上的行業類型、電話號碼等細節，透露出昔日社會的商業模式和生活方式，例如香煙廣告的消失就反映了政策的改變和健康意識的提升。

相信現時用火水汽燈的人已極少

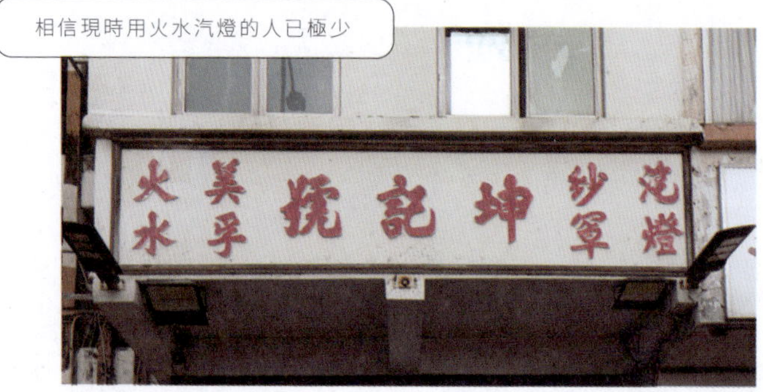

位於香港仔的巨幅香煙廣告

這是故意留下來的嗎？

它們能留下來的原因有多種。首先，這些招牌的造工通常十分精良，使用了耐用的材質和工藝，因此能經受住時間的考驗。其次，招牌的位置有時受到保護，例如設置在遮蔽陽光和風雨侵害的地方。而部分招牌長期被新招牌覆蓋，當新招牌因損毀或拆除而移走後，舊招牌得以再度浮現在人們眼前。此外，某些大廈因缺乏完善的管理制度，外牆未能定期維修，業權不清晰，這些招牌便得以不受干涉地存留。最重要的是，許多招牌被遺忘於城市的角落，可能位於高處或不顯眼之地，從而避免了人為破壞或清除的命運。而近年保育風氣盛行，有些殘存的招牌廣告，得以妥善保留下來，例如上海街618唐樓群。

隨着年月過去，這些失去功能的舊招牌，除非很有歷史價值，否則要保留下來是相當困難的。而民間要收集這些招牌亦困難重重，一來例如水泥字或牆身油漆字，近乎不可能從牆身拆出來保留；二是如果狀態太破舊的話，招牌可能稍為接觸便會被破壞。如果在市區重建時發現這些招牌，將它們移除亦屬無奈之舉。退一步來說，只可以用相機盡可能細緻地拍下來，供日後研究之用。

上海街 618 唐樓群

極不顯眼的被遺棄招牌

爛招牌的價值

每當在街上做調查找資料，除了金碧輝煌，五光十色的各式大小招牌外，我更會故意尋找一些製作粗糙，已經破爛，甚至已經拆毀的招牌。不要小看這些爛招牌，或許它們的價值不比一個新招牌小。

通常欣賞招牌，都想找保存良好、製作精美的，可是看這些鬼斧神工的作品時，卻看不到它們是如何製作出來，用甚麼物料製作，同時也將安裝的方法收藏得完美無瑕。所以每當招牌被破壞，或許就是研究招牌製作的好時機。

對於如何安裝招牌，基本技術及方法我是知道的，可是我並沒有安裝戶外大型招牌的經驗，除了詢問行家外，還要靠自己觀察。看看上圖這個「會」字，是在山竹風災被破壞的大型外牆招牌字，一方面從損壞的筆劃可看到，這應該是個金屬製作的空心字，而在牆上的巨型螺絲，可看到固定這個字的位置。

掛在門頂或牆上的招牌字，安裝方法也有很多，從這些痕跡裏面可以看到，這些街市的招牌字，是以萬能膠黏貼在牆上（見下圖：左）。而在另一個局部脫落的木製招牌字可以看到（見下圖：右），這個字的底部是用木製造，以螺絲固定在招牌上，再以萬能膠將膠片字面黏貼在木製字底上。

這裏也有兩個數十年歷史的招牌字（見下圖），因為表面被髹上油漆，難以斷定其製作物料。在它們的破損位置可以看到，它們都是用木製作的字，而且木質不錯，大概是在十號風球期間，被強風吹起的物件擊毀的。

對於那些安裝在閣樓牆身外面的字（見上圖），因為無法觸摸，有時會將木字、膠片字或水泥字混淆起來。如果這些字日久失修破損，可從損壞的破口推斷製作它們的物料。

上圖是我在理工大學看到一件珍貴的收藏，那是一個被拆下來的水磨石招牌的一部分。因為這是從牆身拆

下來的，所以連它底部的磚頭，批盪，以至不同顏色的字及底色，所有結構都能清楚呈現，為這門已經近乎失傳的招牌製作方法，提供了很多線索。

一場山竹風災，破壞了很多招牌。不少都是有價值的舊招牌，令人惋惜。可是我發現少數被破壞的招牌的底層，原來可能藏着更古老的舊招牌（見上圖），只是上手安裝招牌時，並沒有將底部完全清走。經過風災後，老招牌重見天日，雖然可能沒過多久又會再被遮蓋或清拆，但也為我這個招牌的調查過程，帶來一些意想不到的收穫。

招牌說！

招牌師傅的禁忌

招牌師傅最不想做甚麼招牌？

這行業有沒有甚麼禁忌呢？

我在請教招牌行業前輩的時候，很多時都會問：你們最不想做甚麼招牌？招牌行業有沒有甚麼禁忌呢？我從事這個行業二十年，自問沒有見過甚麼鬼怪奇事，也沒有甚麼招牌不願做的。當然，虧本的生意就不會做，但這不算甚麼禁忌，只是商業原則而已。

有些招牌師傅會抗拒某些行業的客人，這很難怪，但也只是個人的選擇，特別是殯葬行業的商戶特別受人歧視，據說真的有人不接這類生意，尤其是農曆新年前後。對我來說，只要不是特別複雜而做不來的，我絕對不會拒絕這類招牌製作。

由殯儀行業的禁忌引伸，有時招牌師傅會提點客戶，盡量不要使用白底深藍字，或者是深藍底白字，因為傳統來說這種顏色配搭常見於殯葬業。不過這也只是溫馨提示，客人如果特別喜愛這種顏色配搭，或者是出自公司企業形象，當然會照樣製作，現在藍色字招牌也很常見的，雖然有些招牌確會予老一輩的人「死人藍」的感覺，但這種感覺是因人而異，沒有分對與錯的。

禁忌和避諱

製作招牌的麥錦生師傅告訴我一個例子，說明了招牌師傅替客戶把關的重要性。一次有位客戶想製作招牌，在佐敦道碼頭（已拆卸，現已成為豪宅）開設小食檔。為了突出香港特色，想把「香」字放進店名，又想有佐敦的地區性，於是構思了一個「好名」，但麥師傅聽過店名，隨即提醒店主：這個招牌造出來會被人取笑的。那個店名是——「香佐小食」（「香佐」與廣東話「香咗」同音，意思是「死了」，見右頁圖）。店主也接受麥師傅的建議，改別的名稱就是了。

香佐小食

説到行業的禁忌或歧視，很多招牌師傅是不接色情招牌生意的，我老爸就是一例。他説有一次有人找他造一個這類招牌，是急件，還願意先錢後貨，而且價錢非常不錯。但完成這單工作之後，公司整個月也只得寥寥可數的生意。老爸覺得「好邪」，以後也不造黃色招牌了。招牌師傅可不像的士司機，他們絕對有權揀客；「好邪」與否呢？大概是心理作用大於一切吧。

話説回來，現在很少人會大規模製作色情招牌了，只會偶爾造一兩個。根據香港法例，公開展示色情招牌是違法的，連帶製作色情招牌的人也會惹上官非。現在色情招牌已被一枝螢光光管代替，再沒必要花錢找人造招牌了。

時至今日，政府對招牌行業的規管愈來愈多，所有招牌都要符合規矩，需事先「入則」予相關機構批核，安裝大型招牌人士，亦需領有政府認可的工程牌照。所以現在的所謂「禁忌」，就是「不合法」或「不會獲批核」的招牌，標準比以前客觀得多。

第三章

香港街頭招牌製作

看招牌，要看甚麼？

我雖然從事招牌製作多年，對招牌的觸覺比較敏鋭，但要研究招牌，甚至教人如何看招牌，還是最近幾年實行的事吧。總結我的經驗，要賞析一個招牌，可從下列角度看。

招牌的尺寸

巨大如大廈天台的字及廣告，細小得不及手掌大的門牌都可以看。基於近年大型招牌被大量清拆，所以現存的大型外牆招牌，都可視為「高危」，要看的話就盡快看了。

形狀

方形或長方形招牌是最常見的，但有沒有其他形狀的呢？當然有，例如當舖的蝠鼠吊金錢、圓柱體的髮廊花柱、形狀千變萬化的霓虹招牌等等。

顏色

近年的噴畫招牌色彩繽紛，霓虹及LED也可用上多種顏色。教育機構、遊樂場、商場等招牌，為求表達愉快氣氛，也會用上繽紛色彩。一些高檔商戶用色比較誇張，金碧輝煌；相反街坊小店，用色一般以顯眼為主（白底紅字或黑字），比較樸實。

文字內容

招牌最基本的是店名，業務範圍，地址等資料，除此之外，有時還隱含一些舊時代的特徵，例如藥房的「代寄郵包」，雜貨店的「糴米」、「火水」等等。英文，數字，甚至是其他外文文字也要留意，我個人也對阿拉伯文招牌很有興趣的。

文字閱讀方向

中文最常見的是左至右閱讀，比較古老的招牌會是右至左閱讀。左右讀或讀入舖招牌在香港極常見，而有些貨車上的文字，也會由車頭開始伸延到車尾，也是另一種的左右讀文字。記得以前有中英文招牌，連英文也會左右讀，結果鬧出笑話。

圖畫

現時噴畫製作的招牌，可輕易把圖畫加上去。但昔日招牌以文字為主，圖文並茂的招牌相對較少。保存至今的相信以比較耐用的油漆手繪居多，而一度盛行以菲林或幻燈沖曬的廣告，因為非常昂貴，而且很易褪色，現時已被電腦噴畫取代。

字體

中文招牌現時以電腦字型為主，自九十年代起，以明體與黑體字居多，圓體較少，或只在告示牌出現。毛筆字體方面，舊招牌上可找到楷書、北魏、隸書、行書等字體；草書、篆書並不常見。手寫電腦毛筆字型方面，台灣字體毛張楷、顏楷與本地手寫字有一定程度相似。中國大陸字體方面，以行楷體最為常見。近年亦比較多人使用日本的毛筆字型，勝在選擇多，有氣勢，惟日本漢字在使用繁體字時缺字會很多，造成了使用上的限制。

製作方法及物料

招牌製作方法多不勝數，大概可簡列如下，此章也會一一細述：

石製招牌	灰塑、水泥字、石雕、水磨石
木製招牌	油漆字、木製匾額
膠片招牌	亞加力膠片、鑼字牌、膠貼字
金屬招牌	勾通字、金屬立體字
布料招牌	旗幡／橫額、噴畫、燈布
發光招牌	LED 燈、霓虹招牌

有時肉眼無法判別製作物料，在伸手可及的情況下，嘗試輕敲招牌以作觀察。注意，如遇古老珍貴或殘舊招牌，還是最好眼看手勿動吧。

尚有其他製作方法，或者是混合以上兩種或以上方法製作的招牌，不妨留意。

裝飾

招牌上有沒有邊框、裝飾圖案、商標，或者是象徵不同行業的圖案等等。就算是單純文字的招牌，特別是手繪油漆字，可能會加上外框或陰影，加強立體感。

光源

不發光招牌姑且不論，如果是發光的招牌，可分為由射燈照亮（例如燈布招牌，或者公司接待處的水晶字招牌），燈箱招牌（燈布，告示，膠片招牌），或者是自身發光招牌（霓虹及 LED 發光字及燈箱）。

招牌製作年代

最直接了當可詢問店主，或者由招牌製作方式推敲（例如大多數水磨石或水泥字招牌，應該不會晚於九十年代生產）；調查招牌所在建築物落成年份；是否使用手寫字（電腦字體在九十年代才廣泛使用）；或者從招牌上寫有的電話號碼或其他資料作出估計等等。

招牌狀況

保存質素良好的招牌當然值得欣賞，但有特色而狀況差的招牌更要注意，因為可能在短時間內清拆，就算不能把招牌保留下來，至少也要多拍幾張照片，特別要把招牌破爛的地方記錄，可以了解招牌的製作細節。同樣的觀察方法，也可應用在已被拆下來的招牌。

有些招牌雖然已損壞甚至被拆下，但可在其原來位置，找到它們安裝方法的線索，同樣要被記錄下來。

店舖或攤檔環境

留意招牌所在四周環境，招牌有沒有出現過大、過小、設計用色特別誇張、與環境格格不入等情況。同時留意商戶有否製作多個招牌，形成多重招牌等情況。

安裝位置

根據譚智恆＜溝通的建築：香港霓虹招牌的視覺語言＞一文[1]，根據招牌在樓宇上的安裝位置，分成在建築物上伸延、在建築物外牆以及在店面這三大類。這些種類的招牌以不同的方式重複出現，遍及城市各處。一般而言，街坊招牌很難安裝得很突出，那些幾層樓高的大招牌，肯定是大商戶和有實力的公司。

行業

某些行業有固定用色，例如中西醫多用黑白，老人院用綠色，時鐘酒店用紫色等等。當然，最令人期待的場面，莫過於找到用錯顏色，或風格與別不同的特例吧。另外，各行業有不同招牌製作方法，不同物料，形狀，以至大小等等，都值得觀察。

觀察招牌時，最重要的是尊重店家，尤其想拍攝室內招牌時，定必要問准店主或店員。拍攝室外招牌，必須留意道路狀況，避免阻塞行人，同時小心車輛，緊記注意安全。

對招牌有興趣的人，不妨由理解招牌的製作方法及物料開始，由了解基礎知識起，再逐步欣賞香港現存的港街招牌，繼而分析招牌的資料去得到樂趣吧！此章將會介紹多款招牌的製作方法及物料，從這些資訊中往往會看到意想不到的香港故事。

1 「M+ 進行」：NEONSIGNS.HK 探索霓虹

灰塑．水泥字

小時我住在旺角，上海街有許多建有騎樓的舊樓，形成行人路上的「瓦遮頭」。支撐騎樓的柱子，往往寫上店舖的名稱，有些比較精美的會用上凸起的水泥字。香港已很少這種招牌製作方法，而在澳門或馬來西亞，仍可找到這一類招牌字。現在有些香港騎樓之上的樓宇立面，偶爾還可以見到的。

灰塑

近年研究招牌的時候發現「灰塑」這個名詞。這是嶺南地區常見的室外裝飾藝術，以石灰為主要材料，加上稻草等原料，錘鍊成草根灰，用來塑造成屋頂上的裝飾物，以及建築物上的字。我在屯門青山禪院找到不少灰塑裝飾（見下圖），十分精美，而不同的灰塑字，形態及字體各異，十分值得欣賞。

其實灰塑字和水泥字看起來是一樣的，在市區樓宇立面上的凸字，因為講求製作快速，相信未必會使用「灰塑」這種傳統方法製作。香港可能已沒有新的灰塑或水泥字，所以這些字的製作方法，都是我個人想像，或者由一些破舊剝落的水泥字（見下圖）推敲出來。

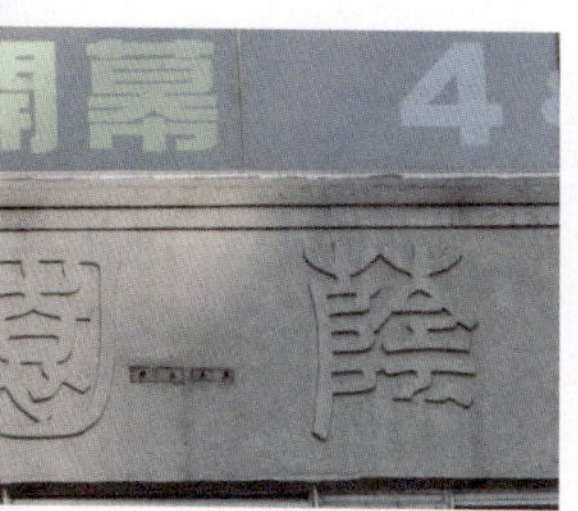

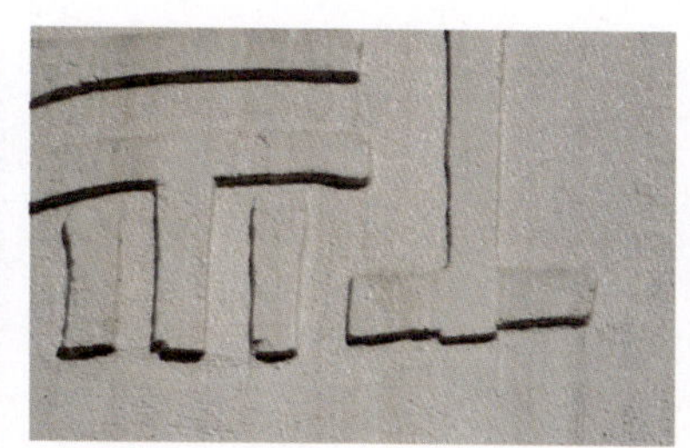

水泥字

直到二〇一七年，有一次我在台北大稻埕，居然可以親眼看到師傅製作水泥字！我當然把握珍貴的機會記錄啊！現場所見，師傅先以勾通的字模，將字型印上適當的位置，再用小型鏟子將水泥逐小塗上字框上，經多層塗抹形成立體字。師傅的巧手還可以用水泥製成立體的裝飾圖案，令人驚嘆。

台北大稻埕現場製作水泥字，是很珍貴的相片！

台北大稻埕

在香港的一些大廈外牆，可以看到一些很大的字，多數是大廈的名稱。這些字估計也是水泥字，但這種字的製作過程，已沒有詳細記錄，只有靠老師傅的憶述，以及個人的估計作推斷。

有別於小型水泥字，製作大型水泥字，先要將字稿在牆上放大，勾劃出線條，並以木板或金屬片將字的外框圍起，再將水泥以批盪方式將字的範圍填滿，形成一個有厚度的大字。昔日香港工資比較便宜，容許使用這種手工活的方法，但現在已不復見，取而代之的是選用較輕的空心金屬字，通常在大陸製作，成本可大大減低。

以大型水泥字製作的大廈名

石雕

石雕似乎是一種比較不常見的招牌製作方法，通常石雕字會令人聯想到碑刻，或是一般是紀念大廈落成的碑記。

我在街道上搜集招牌資料的時候，也偶爾發現一些石雕字的招牌。簡單而言，石雕招牌只會在一些「恆久不變」的地方出現，所標示的資料不會經常改變，所以一般商店都很難找到這種招牌。

石雕招牌的出現，多半要配合大門外及門頂，使用雲石或花崗石作裝修物料。在舊區的一些比較古老的大廈，很多時都可找到這種大門。一般都是深啡雲石，配合石雕凹字的大廈名稱，並填上金色字。

在廟宇也可以找到石雕字。有時殿堂的大門上，或大門兩側的對聯，都會看到石雕字。一個比較特別的例子，在太子的一幢大廈內有一家道觀（見左圖），做了這種看似只在廟宇出現的石雕招牌及對聯，在市區相當少見。

利用石料作獨立招牌，同時旁邊沒有雲石或石料舖砌。這應該是出自大廈的負責人的喜好吧。以這兩個工廠大廈招牌為例（見下圖），這種相對昂貴的招牌做法，未必做到耀眼奪目的效果，這可能是較少人選擇的原因。

另外，社團、同鄉會、鄉村公所，以至鄉村村口的牌匾，都會用上石雕招牌（見右頁圖）。這些組織，一來都有悠久歷史，不會輕易搬遷或結業，二來可能因為

收入來源穩定，容許他們製作較穩固及耐用的招牌，因此石雕會是一個好選擇。

至於有沒有用石雕製作的凸字或立體字呢？除了廟宇之外，看來是少之又少的，因為費用可能相當高昂，石料可能在加工時斷裂，風險較高，加上有木字或水磨字等立體字製作方法，所以相信現在未必會有人選擇石雕凸字作為招牌。

水磨石

每次經過元朗「好到底麵家」，都要看看這幅由水磨石製成的廣告。由上面寫着的電話推算，這幅廣告招牌已有最少五十年歷史。然而它依然光潔如新，上方的蟠桃造工極為細緻，顏色經歷多年都沒有褪色。這幅

水磨石樓梯扶手

廣告招牌，可謂香港的水磨石招牌的經典。

顏色經久不變是水磨石的最大優點。此外，在上世紀，香港人力資源充足、工資廉宜，容許這種人力密集的方式製作招牌。除了招牌以外，無論是室內外的裝修、樓梯的扶手、大門門框，或者是鋪設地台，都可以見到水磨石的蹤跡。

水磨石工作坊

工作坊的講者

今時今日已沒有師傅製作這種招牌了，所以要了解這種招牌的製作方法，唯有靠流傳下來的資料，或者靠現有的師傅研究推敲出來。一次難得的機會，我參加了一個工作坊[(1)]，內容是水磨石的介紹及製作。當中介紹景賢里的復修計劃，工作坊由中港兩地的專家合作，修補嚴重破壞的內外陳設，水磨石裝飾圖案也是其中的一部分。經過反覆的研究，將製作方法，甚至水磨石當中的水泥成份，也推敲出來了。[(2)]

工作坊過程中，師傅詳細介紹了水磨石立體字的製作過程。首先是將招牌字顏色水泥調好，再將其灌注入工模中，途中必須經過拍打，將當中氣泡排出。等待數天後水泥乾透，方可灌注另一顏色（底色）的水泥入工模內，再乾數天。硬淨後再以磨刀石濕水打磨，直至光滑。

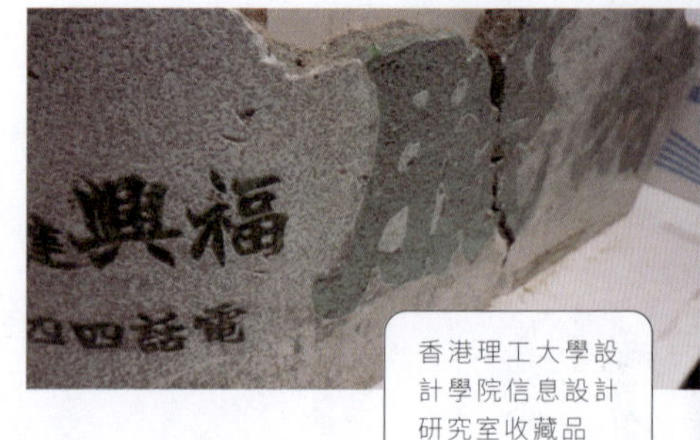

香港理工大學設計學院信息設計研究室收藏品

香港理工大學設計學院信息設計研究室現時珍藏着一個裝修時被拆毀的水磨石招牌。那是西營盤「正佳肉食公司」的舊招牌，連同牆身一起被拆下來。從招牌殘件可探究這種平面水磨石招牌的製作方法。估計是首先把牆身平整好，再鋪上大約 5mm 厚的底色顏色的水泥，待其半乾時，將有字部分的水泥移走，至牆身接近乾透，再將字的顏色的水泥塗抹進去。字及牆身均乾透後，再將牆身打磨光滑。

要欣賞水磨石招牌，可到一些舊區，例如深水埗、西營盤、灣仔等等。至於在油麻地果欄，更可找到幾家店鋪相連的水磨石立體字，保存狀態良好，非常值得一看。

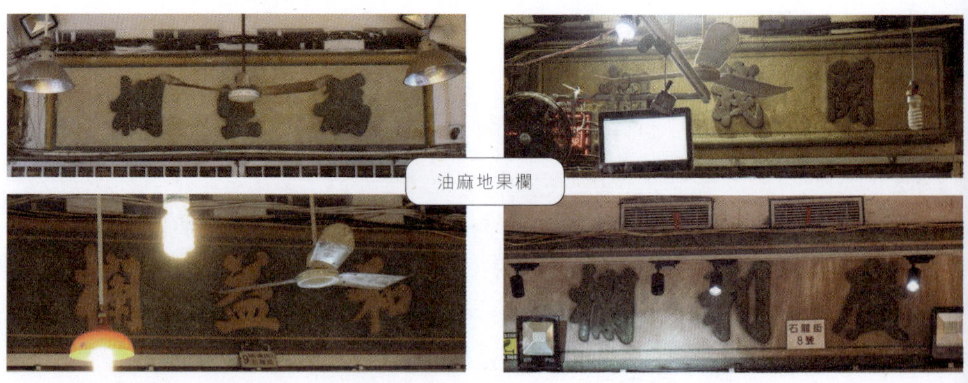

油麻地果欄

1　古蹟私塾：唐樓、洋樓、水磨石 — 建築專題工作坊

2　《景賢里 — 復修工程誌》 湯國華教授著，香港：香港特別行政區政府發展局，頁 96、97、136、137

油漆字

隨着電腦列印橫額出現，油漆字已經買少見少。回看香港的歷史圖片，油漆字在香港街頭曾佔據很重要的地位，街頭巷尾都可以找到。

雖然現時已很少人會用手寫油漆字製作招牌，但是仍可在後巷或街道的牆壁上，找到手寫油漆字的廣告。最著名的當然是「通渠免棚」吧，據説作者現時仍活躍於通渠及「書法」事業。再早些便要數到九龍皇帝，當

通渠免棚油漆字

然他的「御筆」只能屬於塗鴉，相信也沒有真正由他題字的招牌。

記得小時候看過一些巨型的街頭廣告，都是用油漆字製作的，當時很多中醫師或藥物廣告，但近年政府大力整頓市容，不單會檢控在街頭塗鴉的人，而且對這種油漆大字廣告加以清理，通常以油漆遮蓋，所以這種廣告現已絕跡，要尋找它們的遺跡亦不容易。

觀塘裕民坊的油漆大字廣告痕跡

招牌代表着店鋪的形象，所以一些店主很願意花心思在招牌製作上。油漆字可以說是比較廉宜的招牌製作方法，很多街坊小店都樂意採用。根據長春社文化古蹟資源中心的調查[1]，舊時街上有些寫字匠會拿着油漆桶，向商戶招攬生意。我沒有見過這個情景，但有

偶然可以見到加上陰影的油漆字，加強立體感

些寫字匠會在已完成的招牌上，留下自己的名字及聯絡方法，以作宣傳之用（見下圖）。

油漆字擁有許多優點，除了價錢廉宜外，還可以寫在不同的表面或牆壁上，相當靈活方便；遇到牆上有之前留下的舊油漆字，只需髹上新的一層油漆遮蓋即可，不需繁複工序清除，不留痕跡。有時看到在離地幾層樓的牆壁上有手寫油漆字，那就是以前的寫字匠不畏危險，在高空工作的成果。如果沒有人為破壞，油漆字可經歷數十年不褪色，持久耐用。

1 【都會藍圖】港式招牌，《NOW 財經》2018 年 12 月 28 日

木製匾額

匾額即是刻有文字的木牌，懸掛於殿堂樓閣的大門正上方或顯眼位置，室內大廳正中，通常是用作標示建築物或商號的名稱。

有些時候，匾額也是一種珍貴的禮物，用作送贈予重要的人物，收禮的人也會珍而重之地將其掛在家中顯眼位置。以前若皇上御賜牌匾，必定是上等的榮耀。

匾額通常字數很少（大字四個），而且用醒目顯眼的字體寫上，這種比例和字體的粗幼，相信對現代招牌，有莫大的影響。

現時使用木製匾額的行業，主要是一些歷史悠久的店舖居多。在中上環一帶的海味店、燒臘店、藥房等等，都會珍重地將祖傳匾額掛在店舖後方正中位置，在顯眼地方展示。與此同時，店舖大門外的正上方會有另一個招牌，有些時候會盡量使用店內匾額的相同字體，形成多重招牌的格局。此外一些比較有條件的商戶，例如金舖、古玩店、當舖等等（見下圖），都會使用木製匾額。

陰雕陽雕

而木製匾額有凹字和凸字之分。凹字稱為陰雕，雕刻時只需將字的部分雕去再上色便可，工序較簡易；凸字又稱陽雕，要將字以外的所有部分雕刻移走並平整，工序較複雜，要求亦較高。另外還有浮雕的木製招牌，只是價錢一定十分高，而且一旦積了塵垢，也很難清理。

陽雕

陰雕

浮雕

旺角上海街的木刻店

現時仍有一些工匠製作匾額，還有兼營神像或木製工藝品的木器店，在旺角上海街還可以找到他們。而近年來木製招牌都會使用電腦雕刻，製作時間快，而且收費也很大眾化，所以這種招牌也慢慢普及起來，在一些老字號的公司或者文化機構，甚至是食肆等行業，都非常合用。

食肆也使用木製匾額招牌

用木製凸字模仿陽雕效果，罕有地招牌上的字與底色相同，效果也不錯

亞加力膠片

亞加力膠片又名「壓克力」或「有機玻璃」，英文名稱是「Acrylic」。二次大戰時期，亞加力膠片屬於軍用產品，常被應用於潛望鏡、飛機擋風玻璃、簷篷和砲塔等，戰後開放予民間使用。亞加力膠片有透明度高，價格廉宜，加工容易等優點，現時廣為招牌及廣告業界採用。

這是我最常接觸到的招牌製作方法。老爸經營的招牌店，大多製作中小型的招牌，亞加力膠片就是最常使用的物料了。記得我小學的時候，第一次接觸招牌製作，就是用線鋸機切割膠片字。我大約只花一個月時間就可以控制自如，也就完成了第一個由我製作的招牌字。還記得那是一間時鐘酒店的招牌，好像直到大約二〇〇〇年才被拆走。

像我這樣一個小學生也能掌握的物料及製作方法，造價也是相當「貼地」，廉價的街坊招牌大多也是這樣製作出來的。最能代表香港的白底紅字招牌，在八十年代或以前，主要都是手工製作的膠片字。亞加力膠片可以通過各種加工方式，製作各式各樣的招牌，例如不同形狀的廣告燈箱，以至將膠片加熱，製成吸塑招牌。款式五花八門，多不勝數。

亞加力膠片的招牌，遍佈各行各業，全香港各區都可以見到。從最平民化的街坊招牌，到大公司的各種精美招牌都有。

總括我家招牌店所造的膠片招牌，可歸納出下列七種製作方式。

1. 薄身膠片字

這種招牌大多數以大約 3mm 厚（1/8 寸，行內稱作一分）製作。這種厚度能夠輕易地以線鋸機切割。記得我初中的時候，已經可以一天之內，製作二十個大約 12

寸高的大字。安裝這種字也相當簡單。招牌師傅只需定好招牌字的位置，用萬能膠把字黏上去便可以。如果只有四個大字，大約一小時左右便可完成。

街坊商戶通常預算有限，只能以最廉宜方式製作招牌。如果客戶急需造招牌，最快可以一天起貨。對招牌師傅而言，這種超趕急的客戶，可帶來額外收入，反正製作簡單，所以也樂於急急起貨。

薄身膠片字

2. 厚身膠片字

使用 9mm 厚或以上膠片製作招牌字。基於物料限制，厚身膠片顏色有限，所以通常使用白色、黑色或透明膠片製作，或者以噴漆加上指定的顏色。這種製作方法的好處是經久耐用，使用多年也不會自然損壞，但物料相當重，而且相當昂貴，也是這種製作方法的缺點。

厚身膠片字

水晶字

3. 水晶字

使用厚身透明膠片製作，通常會配合射燈展示，營造閃亮華麗效果，價錢也相對較昂貴。

4. 勾通托底

常見於廣告燈箱。將所需招牌字在招牌上勾通移走，再在底部加上透光膠片承托。現時仍廣泛採用，但已比較少用膠片作底板的物料，已改為金屬底板為主。

勾通托底

藏平

5. 藏平

常見於廣告燈箱，或一些需要經久耐用的圖案文字，都會使用這種製作方法。將所需膠片字在招牌上勾通移走，並用其他顏色膠片製作另一膠片字，完美裝嵌在勾通的招牌上，工藝要求極高，現已被膠貼字或噴畫所取代。

6. 膠片面及木底

一種比較廉宜的造法，表面用膠片製作，底部用木字。好處是成本較低，加工容易，但可能因風吹雨打而造成木字損壞。

膠片面及木底

7. 吸塑

通過加熱令膠片變形，製作出不同形狀，具有立體效果的招牌。這種招牌仍然十分常見，配合藏於招牌字內的 LED 燈光，可以製成發光字，效果變化多樣。

自從八十年代中後期，電腦切割膠貼字迅速興起，部分最廉價的亞加力招牌很快被取代。但因為膠片製作的招牌靈活性大，變化多樣，價錢仍然相對大眾化，而且通過雷射切割，加工亦非常容易。所以在可見將來，亞加力膠片招牌，仍然是廣告招牌的主要生產方式之一。

吸塑

鑼字牌

「鑼字」是「電機雕刻」字牌的俗稱。這種字牌的特點，就是字體相當單一，絕大部分都是由圓體字組成的。因為製作這種字牌，都是使用雕刻機加上旋轉式雕刻刀（一般稱作銑刀，俗稱「鑼刀」）製作，所以每個字的筆劃粗幼都是固定的。亦因為銑刀以旋轉或操作，所以筆劃的起筆及收筆均呈圓形。

鑼字牌通常會在告示牌，電掣牌，或水牌上出現，比較細小。這種字牌所以廣泛被採用，是因為牌上的字是凹入的，經填色的凹字很難脱色，所以只要不被破壞，字牌是非常耐用的。

鑼字牌應該在工業蓬勃發展的六十年代或更早出現。當時的雕刻牌，都是用傳統的雕刻機製作。這種機械看起來很有趣，就像傳統用作繪圖的放大尺一樣，雕刻師傅通過字模的協助，經調校機器上的比例，可雕刻出大小不同的字。而字模都是由雕刻師傅人手製作，我見過的字模都是以木板製作，首先是師傅在木板上繪畫出單線字型，再以手工在線上雕出凹槽，製成可重複使用的字模。亦有些字模本身就是另一件鑼字牌，以膠片製成。我在拜訪澳門的林榮耀師傅時，他表示仍有使用手工製作鑼字牌，並展示一件仍在使用的字模，非常難得。

傳統手動雕刻機

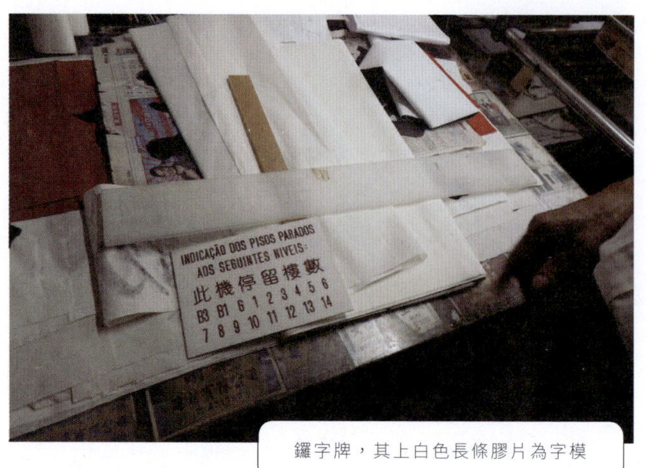

鑼字牌，其上白色長條膠片為字模

由於鑼字牌的字模是由雕刻師傅自己製作，所以每位師傅所製作的字都會有所分別，這正是手工製作鑼字牌可堪玩味之處。只要不影響判讀的情況下，異體字，簡體字，或局部將筆劃簡化經常出現。而在雕刻字體的尖角時，容易令筆劃變形移位，甚至令雕刻刀斷裂，所以有時將尖銳的轉角位斷開，變成兩筆，便可將問題解決。

小部分的鑼字牌會有商標或圖案，師傅都會特製「字模」製作。但因為需要特製，所以除了常用的標誌(例如不准進入符號)，可能價錢會比較貴，能找到的例子亦較少。

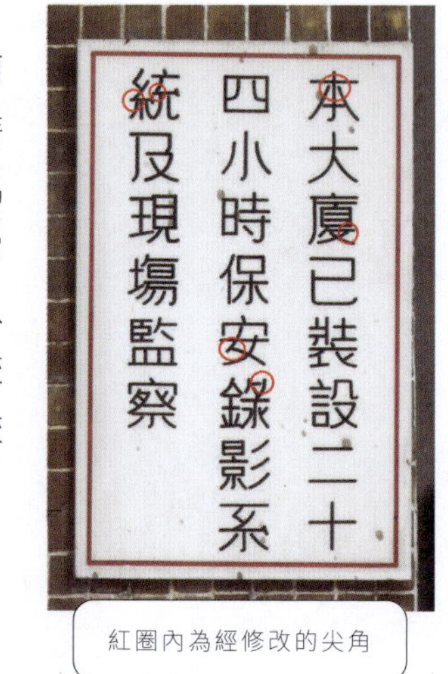

紅圈內為經修改的尖角

自上世紀八九十年代開始出現電腦操作的雕刻機（行內稱為 CNC 數控機，簡稱 CNC），情況開始出現變化。首先是不再需要製作字模，取而代之的是單線的電腦字形。由於最早的中文雕刻軟件及單線字體，都是由台灣製作的，所以字的寫法比較規範，以前常見的異體字近乎絕跡。而字體及排版比以前較為工整。因為使用電腦操作刀具，速度都力度都比人手操作穩定，遇上字體上的尖角亦不需太擔心，所以單線字體的設計，亦沒有多大考慮這一點。二〇一五年，日本 font.kim 網站發表「機械雕刻用標準書體」[1]，字體根據雕刻時實際狀況而設計，感覺與舊有鑼字牌相當近似。

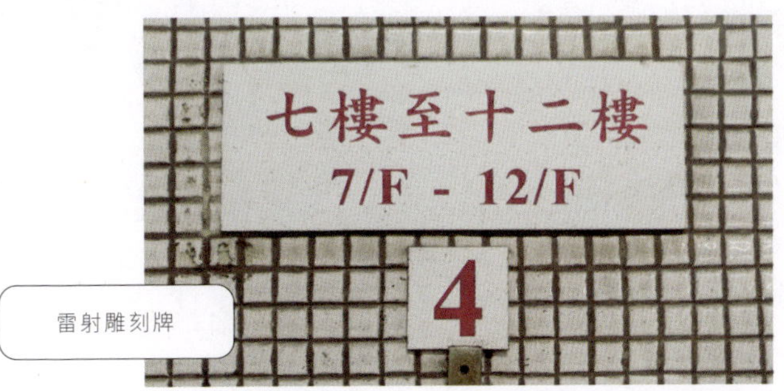

雷射雕刻牌

到了二〇〇〇年前後，雷射雕刻機出現，開始取代由「鑼刀」製作的鑼字牌。由於雷射雕刻機比較類似打印機，將字及圖案列印出來，所以一來再不需要字模，二來可以製作任何字型，比以前方便快捷得多。雖然這種凹字牌間中仍稱作「鑼字」，但更多時會被簡稱為「Laser」，即是雷射雕刻牌的意思。

1 http://font.kim/

膠貼字

膠貼字製作可以說是簡單靈活、價錢廉宜，而且製作時間短，適合節奏急促的香港人。我也接過不少的訂單，就是一塊門口招牌，要求半天內起貨。這樣的話，膠貼字就是最好的製作方案了。

翻看我老爸的招牌製作記錄，早於一九八四年或以前，已有採用膠貼字，黏貼於巨幅橫額上製作招牌。除了招牌字以外，還可以處理比較複雜的彩色商標圖案。如果用膠片製作的話，工序繁複而且價錢昂貴，效果也沒有膠貼那麼好。那時候我爸的店還沒有購置電腦切割膠貼的機器，所以還需要用人手以美工刀切割膠貼，工序不會比切割膠片簡單的。

直到八十年代中後期，坊間開始引進電腦切割膠貼機。我爸的店直到九十年代初才購入，可切割十八寸闊的貼紙，費用要港幣十多萬。雖然對小店來說是不小的投資，但可以大大提高生產效率。除了切割膠貼字，膠貼機還可以將字稿放大，連帶令膠片字製作更為便利。

膠貼字的出現，代替了很多繁複的膠片製作方法。除了一般的薄身膠片字，膠片的套色，拉通、藏平等方法已可以用膠貼完全取代，效果近乎相同，製作成本及時間大大減低，價格當然更便宜。

當製作比較多字的時候，膠貼字的優勢更為明顯。首先是膠貼機的切割速度，當然比手工製作膠片字快得多，而且黏貼招牌上的字，膠貼字可用「定位紙」將所有字及圖案連在一起，不必逐字裝上。我爸笑說，以前最怕製作醫生的診症時間牌，因為製作時間長，可能一天只能完成一個；但用膠貼字的話，最快一小時便可以完成了。也有一些客戶可以用這方法自行黏貼招牌字，不用師傅到場安裝，價錢當然可以便宜得多。

使用質素較好的膠貼字，可以做到容易黏貼，就算撕去也不留痕跡。在臨時的店舖、散貨場，或者是展覽會場，膠貼字都可以大派用場。一些時常需要更改資料的廣告牌，例如是價錢部分，如果不想手寫的話，使用膠貼字是最好的選擇。

膠貼字招牌

膠貼字的缺點

然而，膠貼字也有缺點的。首先是在戶外環境下，膠貼字可能抵受不住熱力而脫落，不如膠片字或金屬字耐用。在一些常常被人摸得到的地方，例如商場玻璃門上的字，都會很快損耗脫落。遇着一些「手多」的遊人，膠貼字更會很易被破壞。

已脫落的膠貼字

隨着電腦噴畫出現，相當一部分的膠貼廣告被取代。然而膠貼仍有其功用，所以現時膠貼及噴畫可謂各司其職，在可見的將來，膠貼仍會廣泛地使用。

勾通字

勾通字即是在紙、木板或金屬片上，將文字或圖案部分移去，造成文字勾通的效果。勾通字應用範圍廣泛，最常見的例如字嘜、文字模板，還有通花鐵閘上的字與圖案；還有些招牌是直接勾通金屬片或膠片製成的。

字嘜

字嘜是複製文字或圖案於不同表面上的工具，利用噴漆在模板上噴射，就能快速地複製文字或圖案。通常一些大廈告示，或停車場地面的數字，都會使用這種方法製作。製作字嘜的物料以金屬薄片居多。直至二

旺角招牌檔

文錫先生（照片提供：梁耀成先生）

〇二〇年，仍可在旺角街頭見到碩果僅存的寫字匠文錫先生及胡丁強先生，將文字在鋅鐵片上刻鑿出來。雖然他們已不復見於街上，但人們仍可於網上訂購各種模板，市場對此仍有需求。

另外一種手工字嘜，常見於貨車車身文字的製作。香港市面上的貨車字，目測超過一半均使用相同的字體。細看之下，並不屬於任何現有的電腦字體，而是手寫的北魏體。我問過公司附近的車房，他們都説貨車字都是用噴漆配合紙製字模製作，字模是由位於新界的楊佳先生製作。

貨車字

紙製字模

根據陳濬人《香港北魏真書》的描述，楊老先生師承香港書法名家區建公，寫得一手好字，由書寫到製作紙製字模，楊老先生均一手包辦。我也跟楊佳的兒子通過電話，他說楊佳老先生的手寫字，合共數千字，現時儲存在電腦內，方便檢索使用。

楊佳先生（照片提供：Naldo Wong）

至於紙製字模的使用方法，跟金屬字模略有不同。噴繪車身字時，首先將紙製字模用水噴濕，使字模能均勻貼在平面或彎曲的車身上，待車身乾透後，便可使用噴漆來噴字。紙製字模的好處是噴出來的字，邊緣比較鋒利，沒有恐怖片般的「滴血」效果。但其缺點是不能重複使用，只可使用一次。

另外還有通花鐵閘，常見於舊區，成為香港街道的特色。這種鐵閘又稱「欖閘」，除了不同的圖案外，最重要的還有刻鑿了店鋪的名稱。鐵閘上的通花除了裝飾用途外，還有通風的效果，使店舖關上鐵閘後，室內空氣依然流通。此外，通花能使室內的人觀察外面的狀況，就像現在的防盜眼一樣。

通花鐵閘

公共遊樂場也使用勾通字

最近留意到一些新造的招牌，都會使用勾通字。通常都是用仿生鏽的金屬片，上面的字都是勾通的，招牌底部襯托 LED 燈，營造滲光效果。現在的勾通字，很可能是使用鐳射機切割，相信不會使用人手製作吧。

金屬立體字

金屬招牌字較木字或膠片字，看起來比較高貴，因此相當受歡迎。雖然在街市或士多等小店找不到這種招牌，但一些藥房，餐廳，酒樓等街坊店舖都有廣泛使用，日常生活也會常常接觸到的。

金屬字可分為實心字及空心字。實心字相對較為少見，原因是這種字非常重，只適用於比較細小的字。二是製作相當困難，無論切割或加工都很費工夫，雖然近年可以使用雷射切割，但仍相對較少人使用。基於上述原因，實心金屬字比較昂貴，但除非是不鏽鋼再加上鍍金（我可不是説笑啊），表面閃閃發亮而且經久耐用，我也會建議客戶採用。否則如果是金屬字焗上啞面油漆，看上去根本不知道由甚麼物料製作，那不如使用膠片字吧。

空心字的使用範圍十分廣泛。市面上看到的大型金屬字，例如大廈外牆的立體字，店面使用的招牌字等等，都是空心的字。因為空心字能使招牌字重量大大減輕，方便製作及安裝；二是節省物料，製作成本也大為減輕。此外，有些招牌字會將 LED 燈放在空心字裏面，安裝時故意稍稍離開背板，營造滲光效果（見下圖）。

黃銅製作的招牌

金屬招牌字一般用不鏽鋼製作，好處是價格不太貴，而且只要用料不是太差的話，一般都可以長期使用而不會氧化。也有一些是用黃銅製作的招牌字（見下圖），比較昂貴，一些有條件的客戶樂於選用，例如金舖，大押，麻雀館等。黃銅色澤閃閃發亮，感覺高貴，但因容易氧化，所以要用「擦銅水」（俗稱「省銅水」）洗刷，廣東人所謂「省靚個招牌」也是因此得來的。當然，銅字不洗刷也是可以的，這也就是古銅的效果吧。

旗幡．橫額

中環嘉咸街

你記得古裝電視劇中，平民小店的招牌是怎麼樣的嗎？通常較有本錢的店家會用木製牌匾，但更多的是用布料造成旗幟，將行業或店舖名稱展示出來。

旗幡

招牌的其中一個舊稱是「招幌」，所謂「幌」者，即是有「巾」（絲織物）隨風搖擺，以招徠顧客；「日光」即是耀眼吸引的意思，所以很能生動地描述旗幟狀的招牌。現在香港很難找到這種招牌；而在中國大陸，遊客區裏面不難找到這種旗幟的。

中國貴州

香港很少這類招牌，相信跟環境有關。首先是香港地少人多，環境密集，污染自然嚴重。用旗幟作為招牌，相信很快會沾滿塵垢，難於處理；如遇潮濕或雨季，後果更不堪設想。二是香港每年均有機會遭颱風吹襲，懸於室外的招牌，結構必須相當穩固，所以旗幟在香港並不適合作招牌使用。

這絕對算得上是招幌的一種啊，但已非常殘舊

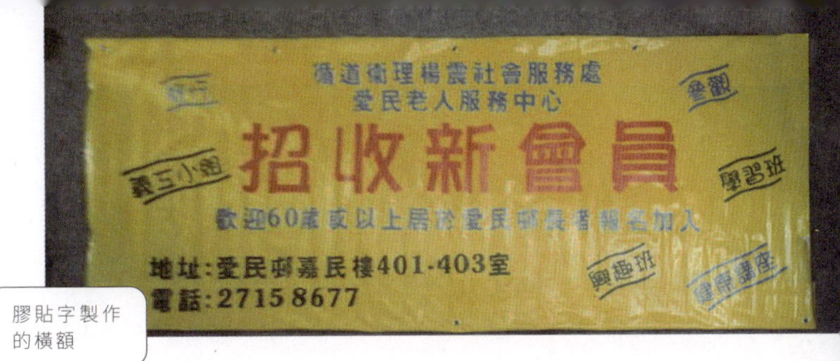

膠貼字製作的橫額

橫額

與招幌比較相似的是橫額。這通常是用作宣傳比較多，掛在馬路兩傍欄杆的議員橫額最為常見。上世紀八十年代之前，橫額通常以手寫製作。記得小時候見過有些電影宣傳橫額，以絲印製作，主要是同一式樣製作多份。八十年代末期，電腦切割膠貼字出現，當時製作橫額大部分轉變成膠貼字，橫額上的字數或圖案可以更豐富。

九十年代中後期，電腦噴畫出現，橫額上不止有文字及圖案了，連照片及有漸變色的複雜設計也不成問題。

至於近二十年來的改進，主要在解像度方面有所提高，色彩更豐富鮮豔，以及能在室外環境下更耐用等等。隨着價格愈來愈大眾化，電腦噴畫橫額由昂貴的宣傳品，變成了今日短期租約店舖最常用的招牌。一些對招牌沒多大要求的商戶，索性用橫額貼在店面當作招牌就算了。我也見過這種「臨時招牌」一用就幾年了，而且還相當耐用，沒有破爛和褪色。

將橫額放在門頂作招牌用

噴畫

大學活動宣傳橫額，絕大部分以噴畫製作

記得九十年代初，我還是個中學生的年代，同學家中已有一台黑白 A4 噴墨打印機，好像價值四五千元。當時對我來說當然很貴！

到了一九九五年，暑假時在老爸的招牌店幫手，聽聞有一家膠片材料行購置了一部巨型彩色噴畫機，有機會當然要去看看。那是安裝在牆上的一部機器，大概是將特定的帆布或膠貼紙（當時的噴畫物料表面都有「塗層」，以吸收墨水），平鋪在牆上，然後噴墨頭就會規律地在牆上打印出圖像。

其實我沒有親眼看過那部機運作的，據説因操作很慢，打印出來的圖像又不理想，後來放在原地棄之不用了。行家間口耳相傳，那部噴畫機好像價值過百萬元。二十多年前的一百萬，應該可以買一個不錯的住宅單位吧。

因為機器和材料都相當昂貴，噴畫在千禧年前，屬於較高價的宣傳品。在此之前，如果想招牌上有各式各樣畫像的話，一是用菲林沖曬出來，或者是由畫師繪畫，兩者都不會便宜。能夠隨心所欲的製作有圖像，照片，以及七彩漸變效果的招牌，噴畫就是最方便的選擇。一九九九年我家招牌店購置了第一部噴畫機，但礙於當時的技術，噴畫比較容易褪色，所以現在很難見到當年製作的噴畫招牌。

現在的情況大有不同了。近十多年來，噴畫技術大有進步。首先是以前的噴畫既不防水，而且就算正常使用，很快便會褪色。如果遭受陽光猛烈照射，褪色會更快，聽過有最極端的例子，噴畫可在一日內褪色。這在現時當然不會發生，一般噴畫在室內使用，除非受到猛烈的射燈照射，一般在數年內，色彩不會有很大變化的。

已褪色的噴畫

噴畫現在使用的場合極為廣泛，最常見的是打印在膠布上，製作橫額或各式燈布招牌。其次是打印於膠貼上，黏貼在膠片上製成招牌，裝裱在牆上的話，就成為店舖的主要特色牆壁或廣告了。近十年來出現的技術，就是可於膠片或金屬等物料表面直接打印，製作告示牌或招牌。以前這都是用絲印、膠貼字或噴畫貼紙製作的，能直接打印在各種物料上，圖畫文字更細緻，亦大大減省製作時間。

地鐵噴畫貼紙牆身廣告

貼在地上的告示

看似是黑板的感覺，其實都是以噴畫膠貼製作

相當細緻的噴畫，直接打印於膠片表面

燈布

香港作為不夜城，怎能沒有燈？

香港是個不夜城，當然不會「日入而息」，尤其是在晚上營業的商鋪，必須製作夜間仍清楚看到的招牌。最簡單的莫過於在招牌四周加裝光管以作照明，或者在適當位置裝設射燈照亮招牌；預算較多者可製作霓虹光管招牌；也有相當多人選擇燈箱招牌的。店鋪門頂的燈箱，大多是由裝修師傅製作木箱或金屬箱，內藏光管（現在已由 LED 取代），表面加上招牌用的膠片或燈布。至於大幅的廣告燈箱，製作物料多數是金屬，方便製作及安裝。

有些商舖店面很闊，往往達到數十英尺。這樣寬闊的燈箱，如果表面使用膠片，基於膠片闊度有所限制（一般由八至十英尺不等），往往需要經由多塊膠片接駁，效果打了折扣。因此製作超闊燈箱的最佳方案，當然就是燈布了。

燈布的長度基本上是沒有限制的（或許是有的，可能是數十米吧，但招牌應該沒那麼大），以前燈布上的字及圖案，多數使用膠貼字，現在全被電腦噴畫取代了。燈布四邊都加上「雞眼」圓孔，利用索帶固定在燈箱四邊的鐵架，最後用鋁邊或不鏽鋼邊遮蓋雞眼孔，便可製作出一大幅長而沒有接駁的燈箱廣告了。

大型燈箱廣告

燈布四邊的「雞眼」，以及招牌鐵架

隨着噴畫機技術改進，可以製作更闊更大的圖像。在海底隧道門外，或者是大廈外牆的巨幅廣告，都是用巨型橫額燈布製作。這些廣告夜間都以射燈照亮，不像燈箱的光線由燈布背後透出，因此稱為「前打燈燈布」。這些廣告燈布因為只會從很遠的地方觀看，而且經常更換，通常製作比較粗糙，印刷解像度亦較低。

大廈外牆的巨幅廣告

由於燈布製作比較簡單，價格比膠片便宜，很多招牌燈箱或戶外廣告都使用燈布。然而燈布的品質參差，有些會因長時間日曬雨淋而褪色；有些會因索帶損耗斷裂引致燈布鬆脫，颱風更是令燈布損毀的一大原因。

LED燈

還記得在八十年代，在日常生活已可常常見到 LED 燈。當時的 LED 只作為指示燈作用，扭開收音機，除了聽到聲音，紅色指示燈也亮起了。既然是指示燈，光度小是必然的，不能作照明用。沒想到二十多年後，LED 大行其道，整個廣告行業亦為之改變。

這種招牌可說是最基本的LED招牌（見下圖），由LED燈粒組成文字及圖案，以黑色作底色，突出燈粒圖案。很多按摩或足浴店都愛用這類招牌，行業間你用我也用，慢慢地蔚為風氣。然而由燈珠組成的文字圖案，感覺粗糙，美感稍稍欠奉。

另一種是由金屬字或圖案，表面鑲滿LED燈粒。這種招牌我個人感覺很「霸道」，由LED發出的光線，無論日夜都相當明顯醒目，但像我這樣有「密集恐懼症」的人來說，看到密密麻麻的LED燈，毛管也會直豎。

由於LED發光的位置小而集中，所以相比霓虹燈那種柔和光線，顯得極為刺眼，除非加裝燈罩分散光線，否則LED燈粒使用起來並不方便。於是除了燈粒，也出現了燈帶。

LED燈帶

LED燈帶其實也是由燈粒組成，只是燈粒更小，並且由膠帶組合包裹起來，感覺並沒那麼刺眼。可是光線依然十分強，所以燈帶適合取代光管，作為照亮廣告燈箱或發光字的光源，或者藏在不透明的金屬字裏，光線從字的後方滲出來，營造立體效果。以前要做這種效果，必須在整個招牌背後製作一個不透明的箱，內藏大量光管，再將字的部分勾通，用金屬或膠片字遮蓋勾通部分，光線由字的邊緣透出來。這種方法複雜且昂貴，而且燈箱有一定厚度及重量，維修不容易。

LED 滲光字

LED 屏幕

早幾年還有人用 LED 指示牌當招牌用。就是那種只有紅色顯示，通常用作股票報價的那一種。目測那種指示牌壽命很短，很難捱過五年以上，現在留下來的，可能壞掉一半還勉強使用。近一兩年多了大型的全彩色的

使用舊方法製作的滲光字

崇光 LED 屏幕照片

LED 顯示屏幕，在銅鑼灣某家百貨公司外牆，將 LED 屏幕取代巨幅噴畫，好處是時刻可以改變圖像，不需再定期更換廣告橫額燈布。估計這個屏幕造價不菲，維修費用亦高。

最近有街坊小店開始使用較小型的 LED 屏幕作招牌用。可是這種屏幕近看依然很粗糙。不過 LED 屏幕現在發展得很快，相信再過三五年，效果應會有所改善的。LED 屏幕雖然方便，但最大問題，就是沒有電的話便甚麼都不能顯示了。店舖在營業時間以外沒有招牌，會否令人誤會是否已關門大吉呢？

小型 LED 屏幕

LED 出現令招牌製作時間縮短，製作亦較簡易，不需要像霓虹光管般需由資深工匠製作。而且 LED 燈比較便宜，如果損壞了也不會修理，往往會直接更換。根據一些老師傅説，LED 燈使用兩三年後，光度會開始衰減，顏色亦有改變，不像霓虹光管般耐用。但今時今日因租金高昂，商戶朝不保夕，連店舖都維持不了多少日子，亦毋須要求招牌可使用十年八年吧。

霓虹招牌

霓虹燈在上世紀初出現，並於二十年代傳入中國上海，照亮了這個中國最繁盛的城市，一九四六年周璇《夜上海》一曲，唱出了當年的景象。與此同時，香港政府的宣傳品中已有提及霓虹招牌，三十年代香港設有霓虹工場。後來中國發生巨變，不少大陸資本及技術都轉移到香港，霓虹燈在香港得以大放異彩。

消費文化的象徵

霓虹燈招牌象徵的是消費文化，常見於資本雄厚的大商店，例如銀行、金舖、酒樓、百貨公司等；晚上營業的行業，更理所當然地使用霓虹招牌。酒吧、舞廳、夜總會等紙醉金迷的地方，都廣泛地使用霓虹招牌。因為霓虹顯眼醒目，一些預算極為充裕的國際大品牌，都會在大廈天台或立面，建立巨幅廣告，足以照亮維港兩岸。也因為霓虹在夜間發亮的特質，我們大概也不會在學校、社福機構、政府機構、老人院找到霓虹的蹤跡吧。

製作霓虹光管，涉及高超的工藝。簡單來説，就是工人將玻璃管加熱，屈曲成所需的圖案及文字，再將玻璃管兩端封好，抽走空氣及加入不同氣體，用作發出不同顏色的光線。我問過一位前霓虹燈師傅，他説如果霓虹燈製作精良的話，可以使用十多年而不用更換，頂多是可能火牛或供電部分老化導致霓虹管不發光，只需更換相關部分，便可以修理好。這樣一來，

霓虹燈製作過程（圖片鳴謝：梁耀成先生，長春社文化古蹟資源中心）

霓虹燈其實比 LED 壽命長得多，而且 LED 一旦某小部分燈珠出問題，便需整幅更換；霓虹燈只需更換出問題的部分便可，相比起來，維修費用其實不會比 LED 高。

香港有霓虹燈，世界其他地方也有霓虹燈，當中最具代表性的，可算是拉斯維加斯了。當然，兩地的霓虹各具特色，拉斯維加斯霓虹面積巨大，用色誇張，而且閃爍不斷，令人看得眼花繚亂。香港受制於街道狹窄，除了面對維多利亞港或大街的巨幅廣告牌，招牌面積都不會像外國那麼大。而且為求吸引別人注意，很多招牌都是從建築物牆壁上伸出馬路，在昔日彌敦道形成一片燈海，蔚為奇觀。可惜近年來因為政府嚴格管制招牌，這種令香港引以為傲的璀璨景觀，已不再復見了。

各地招牌都會有字，而香港霓虹燈上的招牌字，成為了它們獨特的標記。上世紀九十年代以前，霓虹招牌上的字，大都以書法毛筆字為主，當中當舖，金舖及麻雀館上的北魏字體，風格誇張有力，符合香港人直

霓虹燈與 LED 同時出現

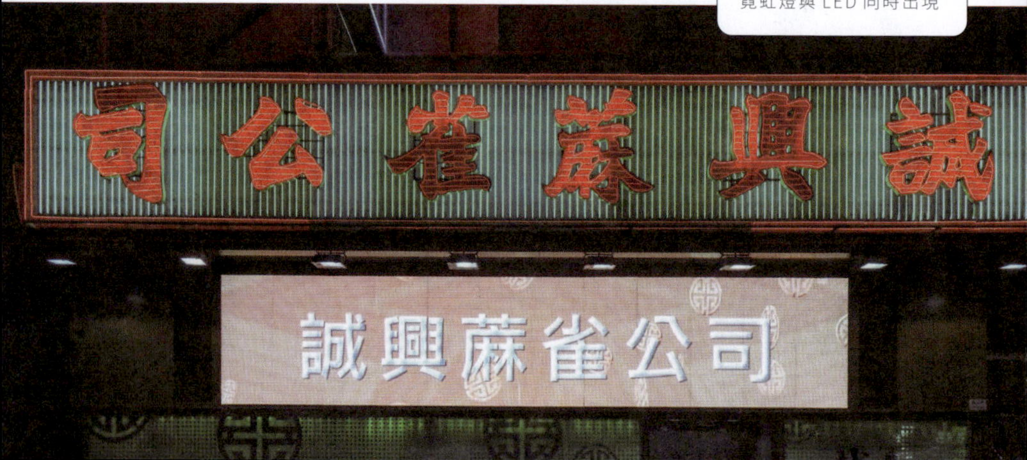

白硬朗的性格。近年來也多了電腦字體的霓虹招牌，雖然稍欠味道，但配合霓虹這種獨特的光線，仍相當有特色。

霓虹外型

至於外型方面，霓虹招牌也是極為豐富的，不像街坊招牌般單調。由最基本的方形或圓形等幾何形狀，到配合招牌圖案設計的不規則圖形；或者是源自上世紀的 Art Deco 風格，簡約線條的圖形等等，不少霓虹招牌外觀令人難忘。例如已拆卸的「森美餐廳」的牛形招牌，現在已由博物館所收藏。

現時香港的霓虹招牌已買少見少，拆卸速度之驚人，令人咋舌。有霓虹師傅向我透露，已有兩三年沒有製作過室外的霓虹招牌了。另外，香港的剩下來霓虹燈師傅已經很少，加上霓虹工場佔地不小，基於租金昂貴，有些師傅已轉行，放棄工場，改為從事安裝工作。本地的霓虹工場的數量，現已屈指可數了。

霓虹燈那獨特的光線，在漆黑中顯眼醒目。相比 LED，卻顯得比較柔和，因此很多人仍然鍾愛霓虹燈那種獨特的感覺。雖然外牆霓虹燈需求已十分少，但近年來霓虹燈已轉為高貴典雅的室內裝飾，需求亦有所回升，情況就像黑膠唱片一樣，主要用途就是供人懷舊一番。

最近到了廣州一轉，看到當地的招牌工場，亦有生產霓虹燈，而且製作相當精美，也能造到將霓虹招牌室內化及微型化。燈管亦比以前看到的要幼細，可以製作更小更複雜的圖案。雖然現時製作霓虹燈仍然依賴手工，未有出現新的技術協助製作，但因為霓虹燈在中國大陸亦有需求，所以在可見將來，霓虹燈這種招牌將會繼續發光發亮，照亮香港這個不夜城。

霓虹燈已轉成室內裝飾

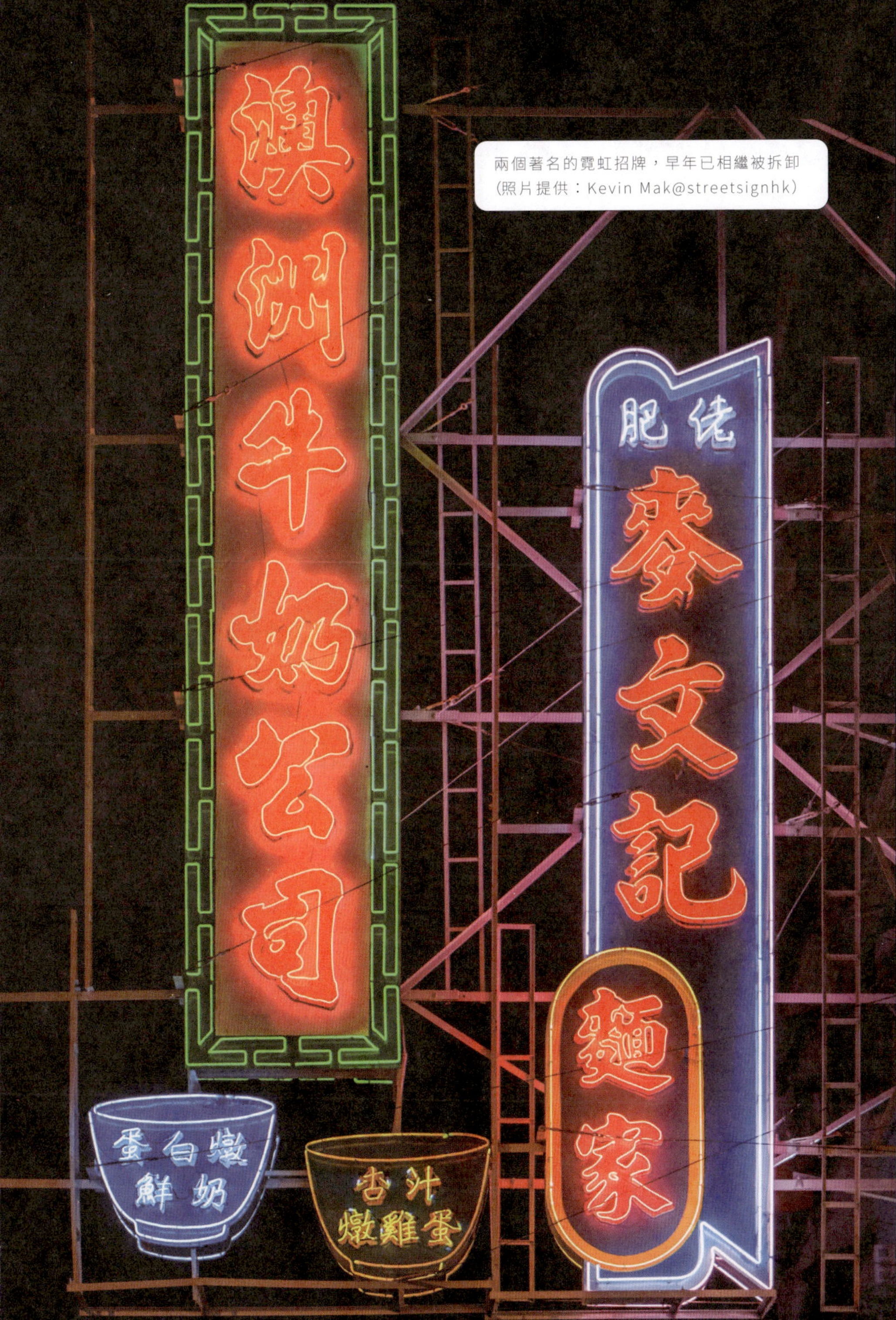

兩個著名的霓虹招牌，早年已相繼被拆卸
(照片提供：Kevin Mak@streetsignhk)

招牌的邊框

在電腦出現之前，很多街坊招牌都是以文字為主，有圖像的或許只在大型招牌上出現。一般情況下，招牌上只看到店名及少量輔助資料便可以了，但總有人覺得這樣的招牌太簡單，嫌它有點沉悶，就會加上一些裝飾。或許當時很多的招牌師傅的美術水平都不太高，於是在招牌上加上邊框，就是最簡單直接的裝飾方法了。

顏色邊框

我在相當多的舊招牌上，都可以看到最簡單的綠色邊框，這應該沒有特別意義，或固定行業使用，也許只是與最流行的紅字是對比色，可以作襯托之效。而其他顏色邊框亦有出現，紅色、黑色或黃色都有見過。

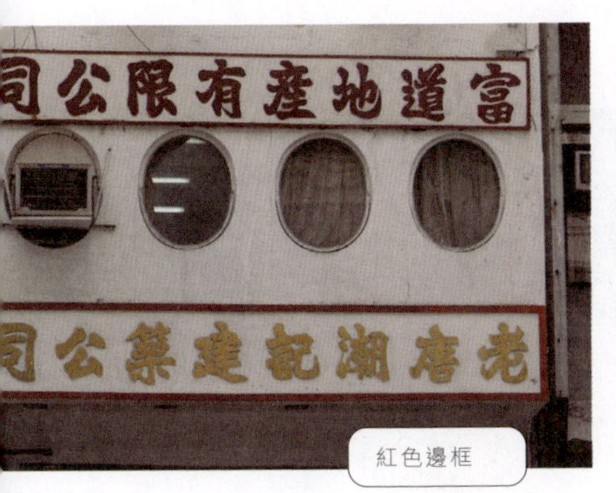

紅色邊框

綠色、黃色邊框

海棠角

除了邊框以外，在招牌四角加上裝飾亦很常見，通常加上四邊對稱的圖案作為修飾，或者是將邊框的四角削去四分之一個圓形，我爸稱之為「海棠角」。有少數招牌會用這種方式直接將四角削去，也可算是海棠角的一種。

海棠角

圖案邊框

我們在涼茶店的招牌上，常常可以看到用重複的圖案圍繞整個招牌，最常見的是「萬字花」。而有些「蝠鼠吊金錢」形狀的當舖招牌，細心看去，其實也是被萬字花所圍繞的。用其他圖案作邊框也有見過，例如是金錢花，郵票齒孔等等，看起來相當有趣的。

萬字花

金錢花

郵票齒孔

我留意到有一種邊框相當罕見，那就是殯儀業招牌的蝙蝠裝飾。(見上圖)深藍色招牌字已是這行業的一大特色，而相信蝙蝠與「福氣」有關。我見過有一個招牌有五隻蝙蝠圖案，大概是「五福臨門」的意思，祈求得到五福中的最後一福「考終命」，就是得到善終，離去時沒有痛苦，希望逝者得到安息。初時我也以為是這個行業的傳統，直至我在九龍城一家古老食肆看到這個招牌(見右圖)，才發現「五福」可以是對各行各業的祝願，只是近年來製作的招牌，很難可以見得到而已。

金屬邊框

有很多招牌或燈箱，四邊都有金屬邊框包圍，通常都是用鋁質或不鏽鋼製成(見下圖)，避免生鏽變色，以及被雨水帶來的鏽水弄污招牌表面。這些鋁邊除了裝飾之外，最主要作用是遮蓋招牌邊緣的結構，例如螺絲或膠水的痕跡。而用金屬邊框圍繞，亦可加強招牌結構，使其更穩固耐用。

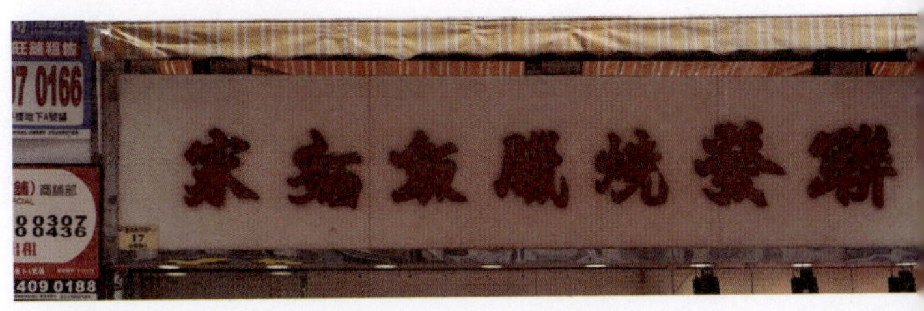

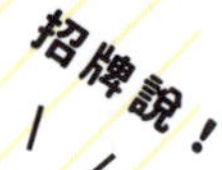

香港設計——郭斯恆先生

郭斯恆，香港理工大學設計學院助理教授。主要研究視覺文化和信息設計，關注香港周遭環境變化。著作包括《我是街道觀察員—花園街的文化地景》及《霓虹黯色》等，廣受歡迎。

Q：李健明 ｜ A：郭斯恆

Q：你認為甚麼是「香港設計」呢？

A：所謂香港設計，很難以三言兩語論述。首先是牽涉到公眾的認受性吧，例如獅子山代表香港一樣。上世紀七十年代，香港電台推出「獅子山下」劇集，講述香港基層人口掙扎求存，膾炙人口，獅子山變成了香港的文化符號，成了香港的象徵。有香港設計之父之稱的石漢瑞，他有很多優良的設計。他以一個外籍人士身份，自五六十年代開始從事設計，特色是融合中西文化，出現大量香港的視覺圖騰。打個比方，你可以在同一畫面看到傳統中國茶，和西方的茶放在一起。他善用「hybrid」（混合）手法，形成不中不西，但亦中亦西的感覺，突顯當時香港作為中西文化橋樑的角色。我在霓虹招牌中尋找當中的蛛絲馬跡，例如有些會用上「萬字花」綑邊，也有西方 Art Deco（裝飾藝術）的風格。

講回霓虹師傅，雖然都是在中國或香港訓練，但香港師傅因為跟西方客戶接觸增多，因而會造就出同一條街道內中西方感覺的招牌同時存在。加上香港設計深受殖民地歷史所影響，跟大陸情況差距甚遠，造就出本地獨特的設計。

Q：舊時招牌以文字為主，今日招牌隨製作方式改進，圖像轉變成為主要部分了。以今日來看，傳統文字招牌，能否再次主導香港街景呢？

A：五六十年代，無論樓宇廊柱，甚至街道上，牆壁上都寫滿了字。這反映了當時外牆是賣廣告的主要媒介，在電視還未普及的年代，走在街上就是接收訊息的最佳時間。而科技先進與否，與文字使用多寡絕對有關係，昔日手寫文字始終最方便。加上昔日街上店舖，主要是與日常生活有關，宣傳方式除了街坊口耳相傳外，一般廣告都以直白形式宣傳產品的好處，文字愈少愈直接愈好，圖像反而未必能完全表達。現今電腦已主導廣告設計，環境截然不同。如果今日仍能發現一兩條保留有舊廣告的廊柱，今時今日定必視為珍寶，但如果今日仍然使用文字為主的廣告，或許只能視作懷舊的一種表現，實用性不高。

Q：你覺得香港霓虹招牌，有甚麼與別不同的特色？跟外國的有甚麼不同？有甚麼令你最難忘？

A：香港霓虹燈的特色，明顯與其城市規劃有關。香港街道既窄且短，樓宇很高，呈垂直城市形象；相比外國，以拉斯維加斯為例，那裏環境寬闊，當地霓虹燈可以包圍整棟建築物或外牆立面，加上當地以娛樂與賭博有關，霓虹燈飾有助娛樂氣氛籠罩整個區域，亦只出現在娛樂場所附近區域。香港環境密集，商業及住宅常常混在一起，霓虹燈不會聚集在一個區域，而是分散在市區各地。另外香港建築物很高，招牌密度很高，遠看一個個招牌疊在一起，形成「招牌海」獨特景象，視覺刺激比其他城市要大。

Q. 最近留意到香港霓虹工場買少見少，不少霓虹燈已轉到大陸生產。你有甚麼看法呢？

A：單純從生產霓虹燈的角度看，基於現今社會全球化，在哪裏製作可能都分別不大。如果從手工上看，我引述霓虹業界人士的意見——香港的製作的確比較優良。

Q：你認為在發展中的社會，例如八十年代的香港，或者是現在的中國，跟一些已發展的國家地區，例如日本及台灣，它們的招牌及廣告，會有甚麼分別？正如我的觀察，七八十年代香港曾出現一些巨大的招牌，或者當時電視廣告，也出現過叫賣式的宣傳，現在似乎很難找到。

A：廣告、設計、美學等等，都需要經過時間去培育的，所追求的亦會隨社會發展出現變化。例如共產國家步向市場經濟時，最初只會想吃得飽穿得暖。隨着社會發展，所要求的自然更多。隨着城市開放，選擇亦會增多，追求物質以外的所需。

同樣道理，舊時社會廣告表達方式十分直接，例如「某某牌牙膏好用」之類。隨着社會發展，民眾開始着重滿足精神層面所需，廣告表達隨之改變。好像穿着了某品牌的服裝，就代表你有品味，與眾不同，有內在美等表現。而廣告表現亦會較含蓄，將以上的價值觀附加在產品上，或者找來明星代言人，加強説服力。

講回招牌的大小。以前招牌比較大，明顯是要吸引大眾的注視，但隨着電視及其他媒體出現，招牌作為宣傳媒介的作用明顯減退。巨幅招牌或霓虹招牌的作用，只能作為標示商號所在地之用。

Q ： 那麼你認為會不會有一天，街上的招牌都變成閃爍不斷的

霓虹燈街景（照片提供：Kevin Mak@streetsignhk）

LED 招牌呢？如果這樣的話，我覺得相當災難性啊。

A：同樣比例，以前旺角西洋菜街也有很多三四層樓高的噴畫廣告。當時噴畫技術很成熟，很容易製作那些大得誇張的廣告畫，根本沒有需要那麼大吧。但是人的接受能力是很高的，慢慢就習慣了。隨着 LED 技術改進，令光線變得柔和，情況可能會有些改善的。

Q：想請教一下，我作為造招牌的人，但很多時有一點被人忽略，我也是一個拆毀舊招牌的人。你覺得我在招牌文化保育上，可以做些甚麼？

A：拆招牌和裝招牌就是你的本業，這是你逃不掉的責任。但你已比一般招牌師傅做得多一些了，例如傳揚文化承傳，對美學的要求等等。很多設計師，他們除了應付客戶所需的日常工作外，亦有個人隨心所欲的作品。反而當你善用在日常接觸客戶時的所見所聞，更能令到你在文化推廣方面做得更多、更貼地。

Q：或者當我找到些好招牌被拆下來時，就一定來找你吧！

A：大家一起做吧。現在招牌拆得那麼快，盡量把一些有特色，有教育意義的招牌搶救下來，盡能力能救多少就多少。初時我以為霓虹行業已經很式微，但從霓虹師傅口中得知，原來現在業內並不如想像中悲觀的。

Q ： 謝謝 Brian 的寶貴意見！

第四章

隸書

隸書起源於二千多年前的秦代，比楷書古老得多。簡單來說，漢字的字體變化是：

甲骨文→金文（銘文、鐘鼎文）→篆書（大、小篆）→隸書→草書→楷書→行書

中國書法字體裏，相信隸書是最古老而又「看得懂」的字體。其形狀成扁身方形，講求「蠶頭雁尾」、「一波三折」，予人古雅端莊的形象。

根據書法家華戈描述，寫字師傅會根據他們個人的藝術眼光，去幫不同行業的招牌，選擇不同的字體。華戈認為，根據隸書的古樸形象，最適合用於學術及文化機構。

不同行業都會使用隸書招牌

使用隸書的招牌相當普遍，除了之前提及過的學術機構，學校以外，還有一些與中國傳統有關的行業，包括文具店、茶樓、素食店、涼茶店等行業。但隨着我進行招牌調查以後，發現隸書招牌的普遍，以及行業分佈之廣，都超乎我的想像。

手寫字的年代，街頭寫字匠都應該不止能寫一種字體，以李漢為例，至少都會寫楷書、北魏、隸書及行書。所以隸書是多種書法字體中的其中一個選擇，與古樸形象未必需要掛勾。我見過隸書可用於大廈名稱招牌、金行、武館、工廠大廈招牌等等。

根據我的觀察，其實街上的招牌，行業與字體之間，或許沒有必然的關係。我也見過街坊小店如菜檔，甚至多數以可愛字體示人的幼稚園招牌，也見過隸書的蹤跡。當然不可以說他們是否用錯了字體，或者這純粹是客戶的偏好，又可能是製作時剛好遇到了一個擅長書寫隸書的寫字匠吧。

體育總會使用隸書招牌

方形隸書

記得有朋友在看李漢先生寫的隸書時，直接的分析道：「他的隸書有點不正規。傳統隸書的形狀，應呈扁身長方形，而李漢的隸書，似乎混雜了楷書的書寫習慣，字呈方形。」我登時在想，李漢先生雖然不是書法名家，但這樣基本的書法知識，他又怎會不知道呢？而為甚麼他苦心留下來的隸書，又會是這個樣子的呢？

傳統扁身隸書

李漢先生的隸書

斜 朴 歸 醉
燃 葛 醒 醬
講 滋 冬 菻

後來我觀察了一些香港的手寫招牌，開始發現一個現象，就是招牌上的隸書，呈方形的為數不少。我得到了理大設計學院信息設計研究室的幫助，找來一些珍貴的霓虹招牌的圖樣，也能發現一些「方形隸書」。

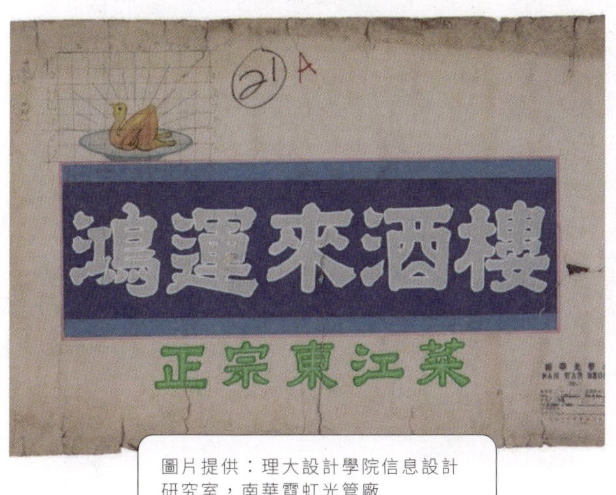

圖片提供：理大設計學院信息設計研究室，南華霓虹光管廠

從以上的觀察，我嘗試推論招牌上的隸書，跟傳統書法有異的原因。

首先是招牌上的字，要顯得清晰奪目，很多時都要盡量填滿招牌。如果使用扁身的傳統隸書，很多時都會出現大量空間。為了遷就招牌的橫直比例，就要將字寫成方形。而香港常見的多格招牌，或者是舊有的直身大型招牌，方形的字體更具優勢，在有限的招牌空間內，顯示出看起來更大的字。

比較接近方形的隸書

毫無疑問，楷書在眾多字體裏面，辨識度肯定最高。在環境密集的香港，一眼看清招牌上的字更顯重要。而扁身的隸書，辨識度肯定不如楷書。如果客戶想使用隸書的話，方形的隸書能令筆劃更清晰，同時亦能兼取比較古樸的感覺。而有些隸書字，應該滲合了楷書的感覺，一來這種「隸楷混合」字體，辨識性可媲美楷書；二是坊間對隸書是否「純正」，沒有多大要求。而每位寫字匠的書法風格亦各異，所以出現不同的隸書亦可理解。

將隸書再壓扁，兩個字擠在同一方格裏面

招牌字講求實用，因此跟傳統書法的審美眼光，存在着一定差異。而招牌客戶也普遍接受這種隸書，所以寫字匠也會因應客戶要求，寫出風格不同的隸書。手寫字就是有這種優勢，能靈活地作出不同變化，相比電腦字型，最直接的方法，就是強行把隸書拉高或再壓扁吧，但很醜啊。

行書．草書．篆書

我很喜歡行書字體，因為這種字給人生動活潑的感覺，卻又不失辨識性，一眼可以認出那是甚麼字。

我在搜集資料時，發現原來楷書與行書的界線相當模糊。有說「楷書的特徵，是點劃（點與線）寫得整齊，並在點與劃之間，不得有連接線，或有省略的地方」。然而，一般香港的手寫楷書，筆劃間很多時都有牽絲連接，達至一體成形的效果，以方便製作。這樣界定的話，近乎所有街上的楷書都是行書，所以我以比較大膽的標準去界定香港招牌上的行書：要比較潦草，甚至書寫方式，跟楷書有一些變形，才能界定為行書。

我在街上拍攝招牌的時候，發現行書的招牌不算多。或許這是商戶的選擇，始終楷書比較四平八穩，予人可信的形象。另一方面，在書法層面上，楷書是最易掌握的書法字體，寫字匠要寫得好並不困難；而行書可能較難掌握，自然較少出現。可能因為這樣，我見到的行書招牌，一般都寫得不錯，同時也能給人生動活潑的感覺。以行業而言，我並沒有發現行書出現在某些特定行業上，我見過的有影樓（見下圖）、理髮店及工廠大廈等，彼此沒有關連。

以我這個沒有書法修養的人而言，看到比行書更潦草，筆劃比楷書有很大差異，難以一眼辨認的字，大概可歸納為草書（這種定義很不專業吧）。記得小時常常經過旺角，看到某家著名食肆的招牌上有三個字，但卻不知寫着甚麼。後來當然知道了是「泉章居」，而且還知道這是書法大家于右任所寫的字。

泉章居招牌

六榕仙館招牌

依我所見，街上以草書寫的招牌相當少。最大原因顯而易見，因為草書辨識度低，加上比較靈動多變，筆劃一般較幼，不符合一般大眾希望招牌字比較粗的要求。而少數出現的草書招牌，一般都是名家題字才會採用的。

如果不是招牌的話，相信有一個地方常常會見到行書或草書的，那就是古老茶樓或中菜館的菜牌。這種手寫字已逐漸式微，菜牌已慢慢由印刷品甚至LED 螢幕取代，但手寫字那種龍飛鳳舞的感覺，電腦字當然不能複製下來，所以現存的招牌便成為了一大特色。

相比草書，篆書招牌也相當少出現，原因也跟草書一樣，因為辨識度低，所以很少人會選用。我在西營盤找到一個不小的篆書招牌，可是不能每個字都辨認出來。近來也有發現篆書的電腦字型，有復古感覺，辨識度也有所提升，我也發現了一些新招牌使用這種書法字體，感覺也不錯的。

草書告示牌

相信是電腦字型的篆書招牌

西營盤的篆書招牌

楷書

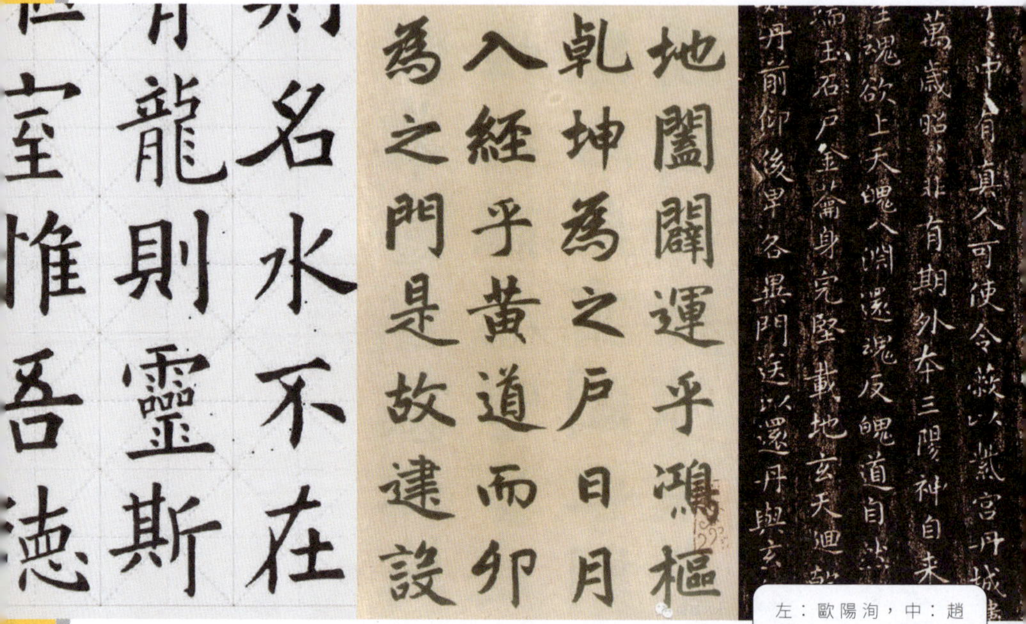

左：歐陽洵，中：趙孟頫，右：王羲之（網上圖片）

楷書是現時最廣泛使用的書法字體，一般人的手寫的字，外形筆法大都跟楷書相似。正因為這樣，楷書人人都會讀會寫，辨識度因而最高。招牌最重要的是清晰展示店名及其相關資料，楷書當然是一個好選擇。

楷書分很多種，對於我這個書法門外漢，認知很有限。要區分顏柳歐蘇的楷書，我可不太懂的，但知道那一些對我們造招牌是有用的。去分析招牌用的字體，最好是從實用角度出發，去看看現時流行的招牌手寫楷書。

其實香港招牌流行的楷書，是源自哪位書法大家，可謂人言人殊。就以我最熟識的李漢港楷為例吧，有人説像王羲之的手法，也有人説像趙孟頫、歐陽洵等書法名家。何況我在街上看到的招牌字，也有各種的風格，在九龍區，有幾位寫字匠的字十分常見，只是我不知他們的名字吧。況且招牌跟書法的需要有很大分別，多數情況下，不會有個別的字特別突出。所以用純書法角度去看招牌，説那是像誰的字，很難會有很準確的結論。

楷書招牌

招牌字講求實用，與上列的書法字，要求完全不同。有看過瘦金體嗎？也是楷書的一種，但香港很少人會使用這種楷書製作招牌。香港人喜歡招牌字「肥」，即是比較粗的意味。粗的字在遠處看得比較清楚，字體太幼便不顯眼，套用上一代的客戶形容這些字「奀嫋鬼命（很弱小）」，「香雞咁幼（像燒香剩下的棒那般幼小）」等等。

除了筆劃較粗以外，客人普遍要招牌字「有點氣勢」。以前的街坊小店要面對各種各樣的客人，有些是態度友善的街坊，亦有些是來意不善的人，甚至是來收保護費的惡霸。招牌代表商戶的形象，面對街坊大眾，過於和善只會被人欺負，因此一個有點氣勢的招牌，可算是這種形象的體現。以李漢港楷為例吧，這種字除了筆劃較粗，字勾比較大，看起來比較「有力」。

台灣流行的顏楷體，劉元祥楷書風格，自八十年代中後期，隨着台灣製作的電腦字體引入香港，對香港的招牌有很大的影響。當中有幾種字體，看起來跟本地手寫招牌字很相似，被廣泛使用到香港的招牌上，例如「金梅毛張楷」、「神雕獅王」及「中國龍豪行書」等等。

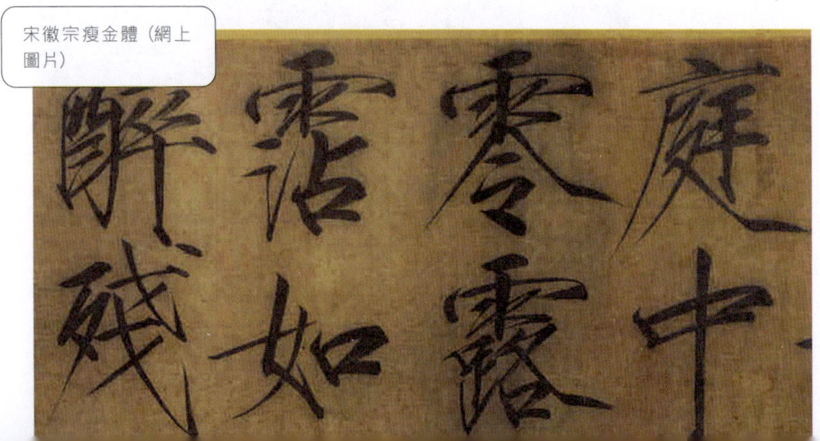

宋徽宗瘦金體（網上圖片）

北魏

北魏字體筆劃較粗、力道剛猛、辨識度高，很適合在密集環境使用。可是使用正體中文字的台灣，澳門及香港，唯獨香港常常見到這種字體。目前的電腦字型，都沒有跟北魏相似的，所以現在香港看到的北魏招牌，不單都是手寫字體，而且都比較古老，至少有二三十年歷史了。

北魏體能在香港廣泛流行，相信跟書法名家區建公先生有莫大關係。他的書法作品遍佈港九新界，涉及行業亦非常廣泛。他不單開設書法學校，對推廣書法不遺餘力，加上人脈甚廣，不少富商大戶都找他題字，所以在香港各區都能看到他的字。另外蘇世傑、卓少衡等書法家均擅長寫北魏字體，造就八十年代前的香港招牌大部分都是以北魏體所寫。

別以為這種看起來比較「兇猛」的字，只會出現在麻雀館或大押，原來幾乎所有行業都可以見到北魏體招牌。由銀行、海味店、酒樓食肆、學校，甚至街市攤檔，都可以常常見到的。

北魏招牌

最近到過青山禪院，發現一幅於民國九年（一九二〇年）由何甘棠贈予禪院的匾額，正是由北魏字體書寫，可見大約一百年前，這種字體已在香港出現。區建公於一九七一年逝世，但此後的寫字匠，因應市場需求，很多都有寫北魏，直至九十年代街頭寫字匠近乎消失為止。

青山禪院的北魏字招牌

我一直以為，北魏字體都出自名家之手，加上我在香港島中上環一帶，看過不少北魏體招牌，使以為這只在一些比較富有的區域出現。後來我在老爸珍藏的大量毛筆字原稿中，發現大約一百多個北魏大字，這些字都是八十年代在新蒲崗區內使用的招牌字，有些招牌仍沿用至今。現在已不知那批北魏字是誰人所寫，但質素相當不錯，有行家笑説「比得上區建公」呢。

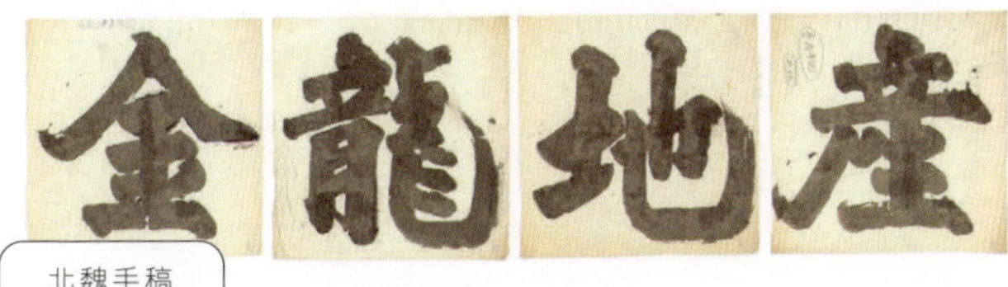

北魏手稿

直到現在，手寫北魏體仍未絕跡。於新界居住的楊佳先生，是區建公先生的學生，現時仍然以其手寫的北魏字體，製造噴漆字的紙模板，用於貨車車身，港九新界都可時常看到，可以説是現時香港最為流行的手寫書法字。我亦見過新界的一些車身膠貼字，風格與楊佳的字很相似，相信亦出自他的手筆。

北魏招牌

近年香港一些字體愛好者熱衷於研究北魏字體，將街上的北魏招牌拍攝並記錄下來。而設計師陳敬倫先生與陳濬人先生，更分別以北魏書法體為藍本，製作成「爆北魏體」及「北魏真書體」電腦字型，所花的心血可真不少。

冷知識

老師傅講起北魏字體，他們會將「魏」字變調，將魏（ngai6，音「藝」） 讀成（ngai2，音「矮」）。所以聽到有人講「北矮」，意即「北魏字體」（他們不會講「北魏體」或「北魏字體」），那就一定是對招牌字體有相當認識的內行人士。

手繪美術字

在電腦繪圖年代之前，香港的招牌字，很多都是手寫毛筆字。因為這些招牌是由具水準的寫字匠題字，質素有一定保證，而且其實寫字需時不多，如果不是特定的書法名家，可能即日或隔日便可取字了。

除此之外，香港的街道上，其實都有不少手繪美術字的。美術字給人時尚新潮的感覺，各行各業都有使用，但卻很難在街市士多等小店找到。可能手繪字的製作者需要有一定的美術要求，能繪畫的人比較少，需時亦比毛筆字多。

安慶樓

手繪字招牌

手繪宋體字

比較「業餘」的手繪字，
看起來其實很好玩

仿照電腦字的美術字

看起來不太工整的手繪字

招牌說！

如何辨認手寫字與電腦字

曾經有人問我，如何分辨電腦字與手寫字？老實說，電腦毛筆字字型也是由手寫毛筆字製作出來的，也就是說，當李漢伯伯的字變成了「李漢港楷」字型，他的字也變成「電腦字」了。所以我覺得這不是電腦與手寫的區分，而是不同人的書法字，或者是不同年代的招牌的分別。要分辨看起來好像很難，但透過一些「快速篩選」方法，應該可以有效幫助辨認。

1. 記下電腦字體特徵

我知道記下電腦毛筆字字體特徵很難，你也可以印一些最常用的字作校對。香港招牌離不開「衣食住行」，大概最常用的有「時裝」、「中西餐廳麵食」、「地產」，還有「公司」、「大廈」、「樓」、「廠」等字。加上香港一般用於製作招牌的毛筆字體，大都只有幾種，例如：金梅毛張楷、神雕獅王、金梅毛碑楷、顏楷體、行楷體或魏碑體，所以認住這幾款字，已大致可辨出七成以上的電腦字。下圖是常見字體表。

李漢港楷	公司西醫廠樓大廈店號餐廳
金梅毛張楷	公司西醫廠樓大廈店號餐廳
神雕獅王	公司西醫廠樓大廈店號餐廳
中國龍豪行書	公司西醫廠樓大廈店號餐廳
華康正顏楷W9	公司西醫廠樓大廈店號餐廳
華康行楷W5	公司西醫廠樓大廈店號餐廳

2. 電話號碼

電腦字盛行於九十年代，即是九十年代前的招牌，用手寫字的機率會大增。如果上面有電話號碼便好辨了，因為一九九五年一月一日前，香港電話號碼只有七位數字（見下圖），一九九〇年前只有六位數，還有地區字頭。看到這樣的電話號碼，也可證明招牌的製作年份，一定早於一九九五年。

3. 直接問店主

最有效的方法，就是臉皮厚一點，直接問店主。其實沒甚麼大不了，根據我的經驗，趁店主不是太忙，只要向店主美言兩句，例如「你個招牌好有香港特式，好靚啊，而家愈來愈少啦」等等，絕大多數不會抗拒的。圖中鎖店用了李漢的字，店主還可大概講出招牌年份，甚至李漢寫字檔的大概位置。留意圖中（見下圖）的電話號碼，最前面的「2」字是後來加上去的，影響了判斷這招牌年份的準確性。

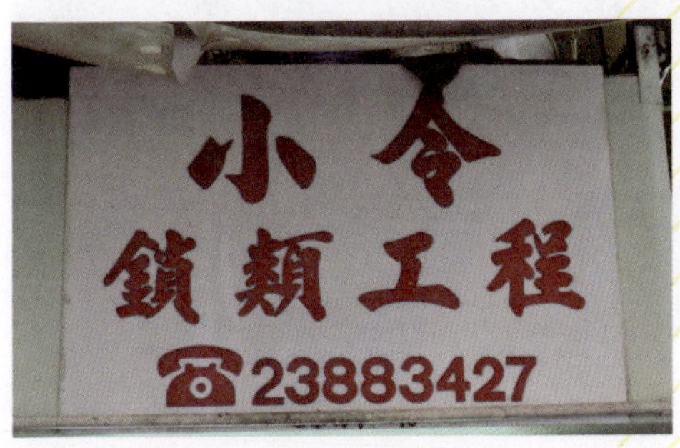

4. 異體字

手寫字比較多用異體字。根據我的觀察，右頁這兩個字，不論是否出自李漢手筆，都出現相同的寫法，不妨留意。而電腦毛筆字型一來由台灣或大陸製作，不會使用香港習慣的書寫方法，或者使用較為規範的寫法，所以從異體字這一點去辨別，也是比較有效的方法。

「廠」為異體字

「樓」為異體字

5. 一體成形

以前寫字匠與招牌師傅合作無間，寫字匠的字也會遷就製作招牌的需要而作出調整。例如李漢港楷的書寫方法，大多一體成形，以便製作招牌字。而根據我的觀察，很多本地的手寫招牌字，也有這個特點。相反電腦字型製作時，並沒有考慮這個因素，所以如果見到「一體成形」的招牌字，便有機會是手寫字了。當然要特別留意「金梅毛張楷」字型，很多字都能做到這一點，因此招牌師傅也很愛使用，所以我們也要特別留意這字型啊。

李漢港楷
組成部分：1

金梅毛張楷
組成部分：2

華康正顏楷體W5
組成部分：8

華康儷楷書
組成部分：9

第五章

特色行業招牌

大押

大押（亦稱當舖）是一門古老的行業，經常都會鄰近麻雀館。經過當舖門口，總有神秘的感覺，不敢窺視入內，後來看多了招牌，發現當舖的招牌相當有特色。當然，我始終沒有光顧過，畢竟沒有需要嘛。

當舖外那形狀獨特的招牌，成為了這行業的一大特色。這種招牌名為「蝠鼠吊金錢」，上半部有蝙蝠的形象，下方圓形代表金錢，象徵倒吊蝙蝠含着金錢，寓意有「福」又有「錢」。招牌上寫有當舖的字號，再加上一個大大的「押」字。字體大多是北魏體，畢竟客人品流比較複雜，需要有一個比較霸氣的招牌。

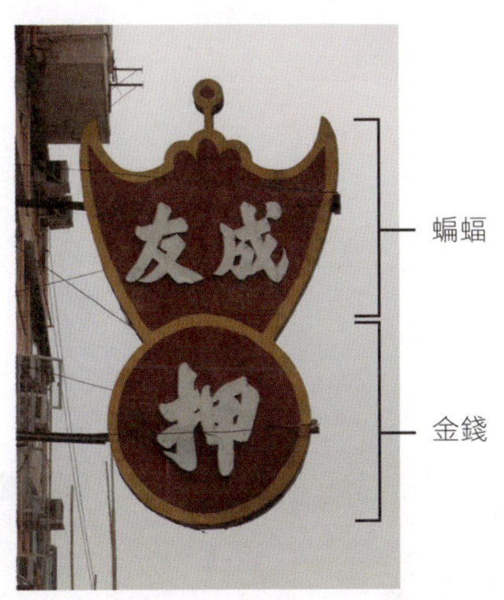

在新蒲崗錦榮街短短幾分鐘的步程內，已途經四家當舖，有幾款不同的蝠鼠吊金錢，包括最常見的霓虹光管招牌，亦有單純鐵製沒有光管的，也有在大廈外牆的油漆版本，還有用水泥製作的款式。一些翻新的當舖招牌，已用 LED 代替霓虹管。單是這個標誌性的招牌，已有那麼多的製作方法。

鐵皮招牌，無霓虹燈

鐵皮招牌，有霓虹燈

外牆油漆

為數眾多的招牌

除了蝠鼠吊金錢，當舖大門內會加上一塊「遮羞板」，保障客人私隱。通常板上都有寫上當舖字號的。而在那高高的櫃枱後方，有時也會寫上當舖名稱。連同當舖大門上方那個店名的招牌，有沒有發現，招牌愈數愈多呢？

其實很多時當舖都會製作很多個招牌，例如在店外掛上木製招牌，這是比較古老的做法；新派的會用膠片招牌，還有怎樣看也很醜的 LED 小燈珠招牌。有時一家當舖，會有七八個不同製作方法的招牌同時出現，有機會經過的話，不妨看一看。

這家當舖共有十個招牌

好了，數完招牌了嗎？再從遠一點看，在一些比較大的當舖，除了地舖以外，還佔據着二樓、三樓甚至是整棟建築物。這種情況下，可以見到每一層樓外牆再有一個店名出現，以標示當舖所在的範圍。

除了吸引客人光顧外，或許店家製作招牌的預算會比較充裕，製作多個招牌，是展現財力及公司實力的一種表現吧。

左：鐵皮招牌，右：水泥

左：立體膠箱，右：水泥

左：膠片，右：木製

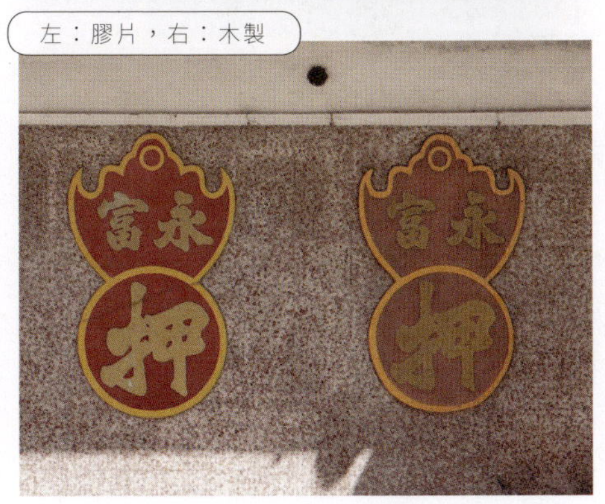

LED

理髮店

香港的理髮店有很多種類，由一般理髮店、街邊檔、上海理髮店，到由外國著名理髮師主理的高級理髮店都有。以上幾種理髮店的招牌我都製作過，都是各有特色的。如果是小規模的理髮店，招牌至少有一個，顏色方面隨店主喜好，並沒有行業習慣用的顏色。現在的髮型屋招牌多以噴畫製作，展示比較型格一面。記得以前有些髮型屋招牌，除了店名外，會加上方格襯托，還會繪畫上一個時尚美女的頭像，算是一項行業特色。

除了招牌，還要有花柱。這是一個非常重要的行業特徵，令人一看便知，這就是理髮店了。

花柱的起源，有兩個説法，都是源自歐洲的，一説為法國大革命時，一家理髮店收留了一位革命先鋒，加以保護。革命成功後，為答謝理髮店的幫助，特意在該店外掛上法國國旗，慢慢變成了今日的紅白藍花柱。還有一説，十六世紀時，英國有種醫療方法，就是通過放血給患者紓緩病情，但這方法普遍得不到醫生的信任。政府因此成立了「髮型師兼外科醫生聯合會」，讓髮型師也可為患者放血，而放在理髮店外的紅白藍花柱，三種顏色分別代表了血液，紗布及靜脈。髮型師兼營放血的工作後來便廢止了，但花柱仍沿用至今。

花柱通常是圓柱體，沒有規定長度，由大約兩尺到四尺都有。以前由招牌匠製作的，現在已有淘寶貨出現，我的髮型師朋友説，現在花柱壞了不會像以前般修理，只要上網「淘」一個，自己更換便可。還有一種花柱，現在比較少見，那就是呈圓餅狀的花柱。

圓柱體花柱

圓餅狀花柱

除了招牌及花柱，比較大的理髮店門外都會另加廣告牌，以吸引顧客。現時多以照片展示俊男美女的精緻髮型；以前的話，則以手繪方式，繪畫出女性的頭像。見過兩幅類似的作品，都是用噴槍繪畫的「噴畫」(不是現在的 inkjet printing)，顯得非常搶眼。

舊式理髮店的招牌

新招牌上也有男頭像了，男女平等嘛。不變的是招牌旁邊仍然掛有花柱

理髮服務的價目表，也通常在理髮店外展示。現在仍可找到比較舊式的價目表，甚至手寫的美術字，或者加上時髦髮型的男女頭像，有些會用假植物或珠片裝飾，比現時單以電腦噴畫製作更顯心思。

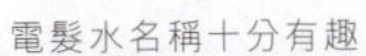
電髮水名稱十分有趣

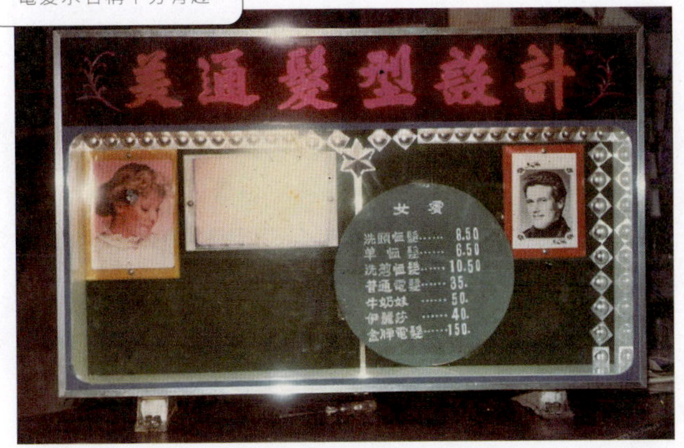

近年引入的日式快速單剪理髮店，店面設計及招牌製作，均沿用日本風格，與香港傳統的很不同。理髮師朋友表示，這種理髮店與傳統髮型屋客源有別，所以他的生意只有些微影響。在傳統髮型店常常看到的紅白藍花柱，在可見的將來，仍然會出現在我們的日常生活中的。

日式快速單剪理髮店

西醫

很多人都害怕見醫生，一來是總覺得自己的病沒那麼嚴重；二來怕打針、怕吃藥、怕不能上班上學，所以對診所有點抗拒，連帶看到以前那種比較刻板的診所招牌，也有避之則吉的感覺。

西醫對招牌的規範頗為嚴格，這造就了我對這種招牌的刻板感覺。根據「香港注冊醫生專業守則」，醫生位於大門的招牌，面積不可大於十平方尺；而位於一字樓向街外展示的招牌，則不可大於二十平方尺；診症時間牌不可大於兩平方尺。招牌數量方面，最多可造兩個，一個在大門外，一個在醫務所所在大廈的外牆之上，如果是位於樓上的醫務所，兩個招牌可分別置於醫務所門外，以及醫務所所在大廈的出入口。

細看上列指引，其實沒有對招牌顏色作出規範，但上一代的西醫招牌，幾乎全都是白底黑字的，用色不太花巧，感覺比較低調，展示西醫的專業形象。

西醫招牌可能是最多字的招牌之一。因為除了全科西醫作為一般家庭醫生外，還有一些專科醫生，專門醫治不同病症。於是除了醫生名稱外，還要在招牌上展示醫生個人的各種履歷，通常愈多愈好，顯示其專科範疇，以及令客人有信心（見下圖）。

有一種招牌現在已較少出現了，就是位於大廈一樓或更高外牆的三角柱體招牌。通常其中兩邊有醫生的名稱，一邊靠牆沒有字，在街外不同角度都可以看得到。因為大小已有限定，不可以超過二十平方尺，所以三角柱招牌的大小都約為四尺多乘以一尺多（即每邊面積十平方尺），有些可以內藏四尺光管，夜間仍清晰可見。

近年製作的醫生招牌，已不再限於白底黑字了。藍色、綠色、紫色、橙色我都有見過，打破了以往的刻板形象。我問過一位醫生，他說專業守則雖然沒有限定招牌用色，但他們心目中，對用色也會有底線，不會太誇張花巧。畢竟維持西醫專業形象，是非常重要的。

三角柱體招牌

藍底白字的醫生招牌

中醫．跌打．奇難雜症

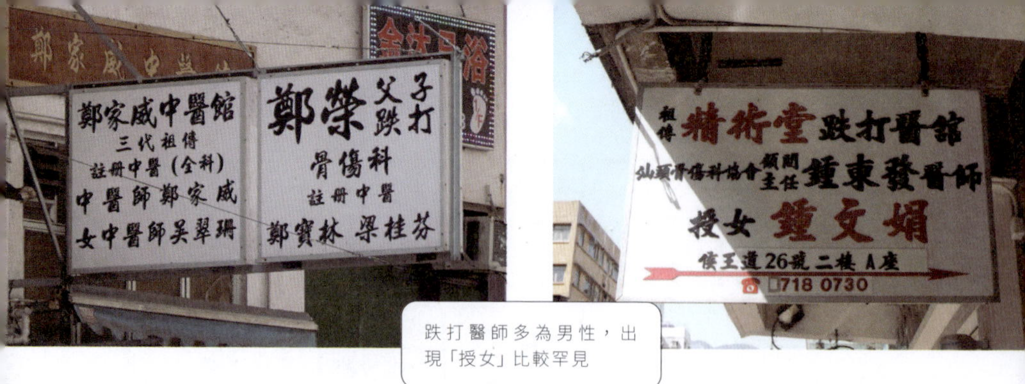

跌打醫師多為男性，出現「授女」比較罕見

與西醫招牌不同，中醫招牌的規範似乎並不嚴謹。雖然沒有明文規定招牌尺寸及顏色，但以中醫師個人名稱作招牌，也會像西醫一樣不會造得過大，顏色亦不會誇張，主要是白底黑字，很多時都避用紅色字，可能是避免患者聯想到血，或過分刺激，令他們不安。此外，有部分中醫是在中式藥房內營業的，自己負責診症，由藥房負責執藥以至煲藥。這類中醫大多依靠口碑，而藥房亦沒有很多位置給中醫師放置招牌，很多時只會擺放一個小小的牌，展示由哪位中醫師駐診。

跌打醫師不需依賴藥房，都是自家經營的，所以都擁有獨立的招牌。而招牌的大小及顏色，變化亦較中醫多，白底黑字、黑底白字、木製金漆招牌，甚至金屬字都有。跌打與武館息息相關，所以有時會於醫館中央掛上金漆招牌，令人覺得有武館的感覺。由於跌打醫師很多都是家傳行業，醫術由父傳子的情況很普遍，這樣招牌上都會寫有上一輩醫師的名字，以及「授男」的名稱，讓新一代的醫師，傳承上一輩的優良醫術。

專治「奇難雜症」的醫師招牌

另外一種醫生招牌，現在已較罕見，就是專醫「奇難雜症」的醫師。一些令人羞於啟齒的醫療需要，例如痔瘡、驗孕、割包皮、婦科病，以至性病等等，都是這類醫生的醫療範圍。這些醫師的招牌上，會列出各種疾病名稱，現在看來，內容大膽露骨，毫不避諱修飾。而痔瘡招牌更有別於一般醫師招牌，很多時都採用紅色字，不知是否要令病人聯想到動手術，一刀能根治的成效吧。現時市民如有以上的醫療需要，大多都會光顧專科醫生，上列的醫師亦買少見少，那些令人尷尬的招牌，亦慢慢消失於街道上。

色情招牌

（全港拆賬最高）
女PR 女DJ 女侍應
國内新移民及轉場PR參觀或試

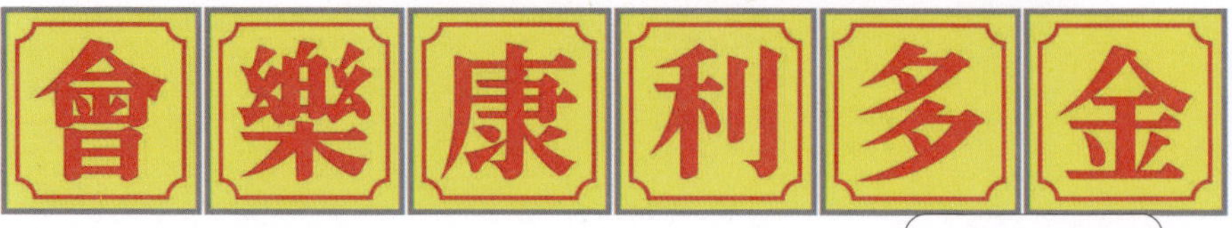

重繪自網上圖片

我一直對這個冷門的課題很有興趣，然而網上資料少之又少，也不大可能向業內人士請教，加上猜測這些招牌背後可能受某些社團「管理」，所以很難取得資料。老爸很少接觸這類招牌，就算詢問另外一兩位退休膠片師傅，也沒有任何幫助。直到最近，我從招牌師傅麥錦生先生口中，終於找到一些線索。

翻查網上資料，上世紀七八十年代，色情行業昌盛，在旺角砵蘭街一帶，有不少舞廳、夜總會、桑拿等「娛樂場所」。此外，基於香港法例，同一場所內不可有超過一位性工作者提供性服務，否則會被視為賣淫集團，是違法的。「一樓一鳳」因此出現，即是一個單位內只有一位「鳳姐」。為了招攬生意，色情招牌應運而生。

色情招牌大多使用較鮮艷搶眼的顏色，例如以黃色或紫色為底色，以「賓館」、「桑拿浴室」、「舞廳」、「夜總會」為名。至於一樓一鳳，可能會直接寫「X 小姐，請上 X 樓」招徠顧客。根據麥師傅描述，七八十年代的色情招牌，主要由旺角區內的一間招牌公司製作。當時警察常常掃蕩色情招牌，記得我曾見過旺角警署停車場內，有招牌堆積如山的情況。因此色情招牌有很大的需求，由此估計這是一門很大的生意。

據説，香港的色情招牌只集中在一家招牌公司製作，這未必是由於某些社團包攬壟斷，而是製作這種招牌很難收到錢。試想當招牌剛剛造好，店家便遭警察掃蕩，那又怎樣去收錢呢？加上客戶品流複雜，要追收欠款時，更有理説不清。至於那家招牌店又為甚麼收到錢？這個嗎，暫時我還沒有調查出來呢。

很多色情招牌都不會固定安裝，只會在夜間展示，因此結構很不穩固，加上製作粗糙，又引來行人尷尬不便，帶來市容問題。

二〇〇二年警方加強掃蕩，並引用刑事罪行條例，檢控色情場所「展示宣傳賣淫標誌」的人士。另一方面，根據本港刑事罪行條例，任何人公開地展示、導致，或准許公開地展示任何宣傳、或可合理地被理解為宣傳由娼妓，或由組織或安排賣淫者所提供服務的標誌，即屬犯法，一經定罪，可處監禁十二個月。由此可知，無論製作或展示色情招牌均屬違法。

二〇一二年前後，香港的夜總會大都結業了，剩下來的一樓一鳳，已較少製作招牌。取而代之的是將一支螢光顏色的光管懸於門外或窗外，有些會掛上一個只有數字的燈箱，好讓顧客尋找。

現時這類招牌多以紫紅色底色為主，不像以前用黃色作底色

窗外掛上螢光光管及數字招牌

招牌說！

形象化招牌

不同行業的招牌有各自的特徵，有些是不同顏色，有些是不同形狀，而我在街上留意到，有幾個行業的招牌，會一眼就會認得出他們，絕對不會弄錯。這些行業都有共通點，就是他們的貨品比較「形象化」，所以能造出行業內「共同式樣」的招牌，讓人容易找到。

眼鏡店

首先能「一眼」看到的是眼鏡店的招牌。他們絕大部分的招牌上，都會畫上眼鏡的形狀，而眼鏡內的兩塊鏡片位置，很多時都會寫上店名。眼鏡店招牌的製作方式比較多樣化，由最奪目的霓虹招牌，到膠片燈箱，或者是現時流行的 LED 招牌，甚至眼鏡用上立體模型製作都有，而家這式樣一直沿用至今，沒有被取代的跡象。

眼鏡店招牌

配匙店

第二個行業就是配匙。可能鎖匙形象鮮明，製作或繪畫招牌十分容易，有些比較精美的鎖匙狀招牌是由鎖匙廠商製作，給配匙店掛起作宣傳用。我更見過有自行繪畫的鎖匙狀廣告牌，也非常獨特，其實這種招牌不需繪畫得太精美，一眼看得明白便可以了，反正街坊生意，沒那麼多預算做招牌。

配匙店招牌

菜種農具店

蛇店、茶行及菜種店

還有少數行業的招牌，也是相當形象化的。例如茶莊，形象普遍較傳統，一些茶莊外會掛上繪畫有「樹葉」的招牌，象徵有茶葉售賣，製作方法由霓虹到膠片招牌都有。除此以外，我也見過蛇羹店的招牌繪上毒蛇，菜種農具店繪有蔬菜及農具等。總括而言，上列行業都是以售賣產品為主，而且該等產品形象鮮明，容易繪畫。或者在數十年前，仍有相當多人不識字，需要靠這些形象化的招牌，去尋找他們所需的店舖。

茶莊

蛇羹店

遊戲機中心

遊戲機中心

還有一種算是形象化的招牌。有留意遊戲機中心的招牌嗎？一些比較舊式的遊戲機中心招牌，店名都被紅黃綠色方格所圍繞。我相信這些方格，就是代表着昔日的電子遊戲。我在小時候玩過的電子遊戲，包括「太空侵略者」和「食鬼」等等，畫面粗糙，由不同顏色的像素組成。久而久之，這種畫面轉化成招牌上的彩色方格，在八十年代更是高科技的象徵；到了今日就成了招牌上的特色了。

第六章

招牌顏色象徵

紅色招牌

相信毋須做任何調查，也可以知道白底紅字是香港最常見的招牌樣式。無論各行各業：街坊小店、工廠商戶、食肆餐廳，白底紅字招牌仍然被廣泛採用。我在各區觀察招牌，尋找李漢伯伯的字跡時，也發現大半都是白底紅字的。

為何香港人會如此偏愛紅字？其實並沒有肯定的説法，大概原因，可歸納如下：一是顯眼醒目。香港環境密集，如果想招牌老遠就看得見，底色及用字必須和環境有強烈對比。記得以前一般街坊做招牌，基本上不會講求甚麼設計美感的，最重要的是搶眼，要讓客人看到商戶的所在地。因此白底紅字成了不二之選。而在街市裏面，因為舊式街市往往照明不足，白色底色招牌會顯得比較明亮，加上顯眼的紅字，方便客戶尋找。

第二是紅色代表吉利和喜慶。華人社會在新年期間，都會掛揮春、派紅包、穿着紅色衣服，全部都與紅色有關，可見華人對紅色的喜愛。店鋪開張，當然是可喜之事，紅字招牌掛在店面，合適不過。加上紅字予人生動感覺，不像黑字予人呆板印象，但若選取橙色，天藍等其他鮮豔顏色，在大部分行業而言，可能會給人不莊重的感覺，影響店鋪形象。

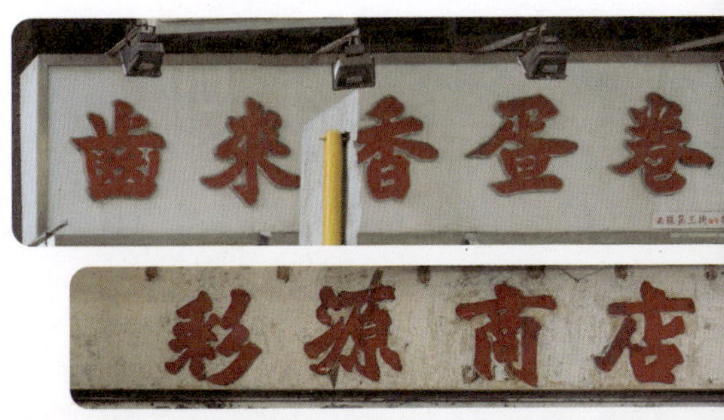

香港環境密集，如果想招牌老遠看得見，底色及用字必須和環境有強烈對比。

第三，純粹個人觀察，紅色膠片似乎比較耐用。當招牌經歷風吹雨打數十年，就算是招牌上所有顏色都一同褪色，紅色始終最顯眼，商戶一旦發現招牌老化陳舊，便需要花錢更換。所以使用紅色膠片字，優勢比較明顯。總之仍能清晰看到的話，那就不用造新的招牌了。

既然紅色那麼搶眼，為何不使用紅色作為底色呢？市面上白底紅字招牌，遠比紅底白色多。個人認為，紅色底色可能過分搶眼，招牌用字不易襯托。紅色白字招牌，現時偶爾在街市可以看到，而在黃大仙的解籤檔，不少都採用紅底白字以至紅底金字，這都是個別行業的特定形式吧。

順帶一提，紅色還有代表危險的意思，所以一些比較古老的走火通道指示牌，都會使用紅色字。後來消防處已規定將這些指示牌改為綠色，所以現在已相當難找到這種指示牌了。

紅色招牌

舊式紅字出路燈箱

黃色招牌

首先聲明，這裏説的「黃色」招牌，僅指主要用黃色字，或黃色底色的招牌，並不是指「色情招牌」的「黃色招牌」。當然，一部分色情招牌也使用黃色作底色，但這已經逐漸少見了。

我在街頭觀察招牌的過程中，仍然看到不少黃字或黃底的招牌。儘管在有一些人眼中，黃底招牌並不正派，但因為黃色還是比較搶眼，不少人也喜歡選用，尤其是黃色跟紅色的配搭較更為顯眼，所以也比較多紅底黃字或黃底紅字的招牌。

佛具店

鎖匙店

比較多使用紅底黃字招牌的行業，居然是麪店。我從小時候已經常常看見這種式樣：紅底黃字招牌，以拉通托底製作，配上邊框及海棠角裝飾。麪店使用這種招牌，可能純粹是好看，説不定這是同一招牌店設計或製作也不定。另外有些跟中國傳統有關的行業，也會使用黃字或黃底的招牌，例如這間位於北角的粵劇社。

麪家

劇社

順帶一提，近年有些來自中國大陸的設計都使用紅底黃字（見下圖）。這種被看作「很革命」的設計，未必跟政治扯上必然的關係。連帶一些本地出現的宣傳橫額，也會將這種顏色配搭，戲稱為「茄蛋字」。這種單純的紅黃配搭的橫額，雖然很搶眼，但在香港不算多見。反正現時橫額多以噴畫製作，多放幾張照片進去，多用幾種顏色，也不會使用這樣「單調」的設計吧。

綠色招牌

綠色予人的感覺是甚麼？安全、舒適、大自然。那有甚麼招牌或告示會使用綠色呢？

第一當然是俗稱「出路牌」的緊急出口指示牌。標示緊急出口所在位置，對建築物內的民眾於需要時逃生，至為重要，所以必須於清晰地標示其所在。雖然早於一九六四年，消防處已發出《最低限度之消防裝置及設備守則》，但當時並沒有要求指示牌的顏色。記得我小時候的「出路牌」，有很多是白底紅字或者紅底白字。後來政府對「出路牌」的要求經過多次更改，直到二〇〇〇年十一月，消防處明確指示「出路牌」應為白底綠字，也對大小有了一定的要求，便成為我們今日看到的出口指示牌。

出路牌

綠色招牌

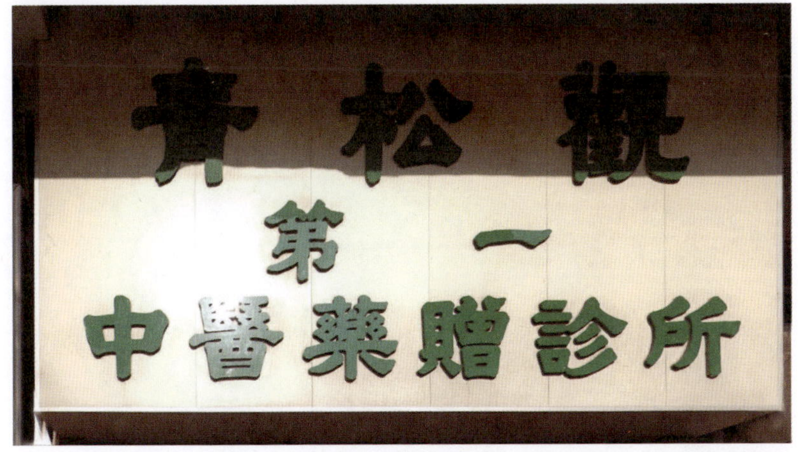

第二就是一些跟種植，園藝有關的行業。近年流行於天台或露台種植，有關「都市農夫」的周邊產品應運而生。還有一些花店或種植用品店，招牌都是綠色的，在旺角花墟一帶都不難找到。

花店

種植用品店

第三是安老院。綠色予人「長青」的感覺，也給人舒泰安穩的印象。雖然在市區環境下，白底綠字或綠底白字絕不會顯得突出醒目，但基於老人院的經營模式，不需像零售店舖般吸引街客，故此根本不需要求招牌搶眼。加上最搶眼的白底紅字，給人刺激的印象，或者白底黑字或黑底白字或會予人不吉利的感覺，所以安老院比較多採用綠色字。當然這並不是絕對的，小部分安老院招牌也是紅色的。

綠色招牌予人的感覺是安全、舒適、自然，很多安老院的招牌都是綠色。

藍色招牌

講到藍色，必須要分兩大類：一是深藍，二是淺藍。兩者的差別，真的非常大。

首先講講深藍。當中包括法國藍，海軍藍，當中最忌諱的叫法是——死人藍。中國人辦喪事時，燈籠或壽衣等等都常常見到深藍色，所以深藍色常常被人聯想到不吉利。當客人要求用這種藍色，招牌師傅都會稍作提點，以免招牌用錯顏色，影響商戶形象。

至於殯儀業方面，有些商鋪的確會故意使用這種顏色的字，突顯行業特性。在紅磡，殯儀館林立的地區，可找到一些這一類的招牌。但是，根據個人觀察，少於一半的殯儀業商戶使用藍字招牌。基於美觀考慮，紅字或金字亦常見於殯儀業招牌。然而深藍色就是招牌的禁忌嗎？

我看過一些歷史圖片，以前不少大型外牆招牌，都是深藍底白色字的，而且涉及很多行業，例如食肆，銀行，藥房，甚至舞廳等等。這類招牌現已不多見，但偶然亦可以看到。其實這種藍色，撇除「死人藍」的偏見，當招牌隨年月稍為褪色，也可以很好看的。

至於淺藍色則截然不同了。潔淨、舒服、清涼、以至大海，都是淺藍色給人的印象。於是，一些與以上有關的行業，都會用上淺藍色字的招牌了。最常見的行業是洗衣店，相當大比例的洗衣店都是用淺藍字做招牌的。

深藍或淺藍招牌，兩者的差別真的很大！

紫色招牌

紫色給人的感覺差異比較大，可以是高貴，可以是誘人，也可以是充滿魅力。於是在招牌的使用上，引申的行業及視覺語言，也沒有單一的闡釋。

首先是以女性為服務對象的行業，例如時裝店、美容院等等，會比較多用紫色招牌。紫色能帶出女性優雅高貴的感覺，突顯商戶的形象。

美容院

時鐘酒店或者所謂「別墅」，也常常使用紫色。有些人會覺得，紫色蘊含性感的意象，或者是「紫」醉金迷的感覺，所以當見到紫色招牌的「酒店」，就知道這不會是一家「普通」的酒店吧。或者這兩幅圖，同樣是租房廣告，紅色底色看來比較普通，但紫色的那一幅，看似是「愛情酒店」的廣告，給人很不同的印象。

感覺各異的租房

紫色也是相當鮮豔的顏色，所以也會吸引到小朋友，幼稚園的招牌，也可發現紫色元素。當然，像七色彩虹的色彩配搭會比較多，這裏有一個以紫色為主色的例子。

幼稚園

有日我在坐巴士的時候，居然發現了一家用了紫色招牌的醫務所。這樣的用色相當破格，即使醫生招牌的規限相當嚴格，也可以有一些比較輕鬆的形象吧。現在醫生招牌的設計及用色，也比以前開放得多了。

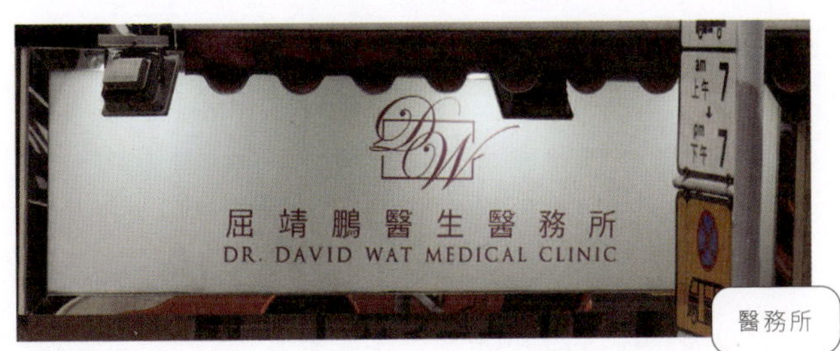

醫務所

黑色招牌

白底黑字給人的感覺，就是正式、莊重、嚴肅。因此許多專業人士或機構，都會使用白底黑字。正如很多告示牌都會用黑色字，看起來感覺正規，加上黑字不易脱色變色，持久耐用，亦不易被污跡覆蓋。

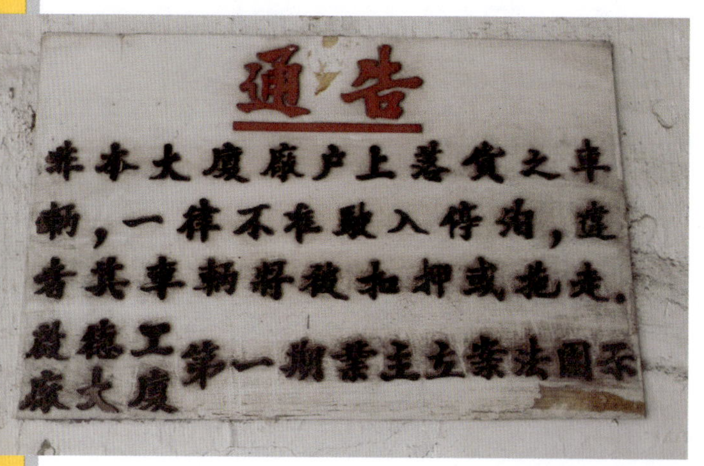

醫生招牌有相對嚴格的規限。根據香港醫務委員會《香港註冊醫生專業守則》規定，西醫招牌無論數量，展示位置及大小，均有嚴格規定。雖然顏色方面沒有明文規定，但一般都使用白底黑字，以示專業及低調的形象。雖然近年已有其他顏色的招牌（我也見過橙色！），但仍以白底黑字居多。而中醫及跌打醫師，也愛使用黑字。原因除了看起來穩重正氣，也聽過因

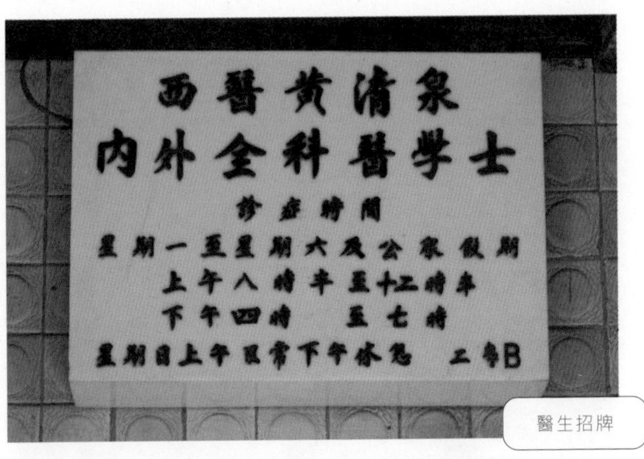

醫生招牌

為病人害怕治療時「見血」，因此避用招牌最常見的紅色，順理成章使用黑色。

除了醫生以外，一般大廈水牌都會使用黑字，以達最清楚的展示效果。此外也有不少商業機構、貿易公司，以至社團或工會，都會使用黑色字。同一道理，幾乎所有學校的招牌都是黑色字。學校需要展示純樸正規的形象，難以使用其他顏色。當然也有例外，例如幼稚園招牌，愈多顏色愈好，以吸引小朋友的目光。

中醫

學校

大廈外牆

抬頭看看大廈外牆，很多大廈的名稱均使用黑色字的，跟普通招牌有點不同，大廈外牆字本身已經很大，使用黑色就夠清晰搶眼了。

中英文並列招牌，英文市通常使用黑色字

有些比較的中英文並列招牌，中英文會使用不同的顏色。不少例子都是中文使用紅色，英文使用黑色，這都是一般店家的使用習慣。

至於黑底白字招牌則較為少見，一是看起來比較不顯眼，二是會令人聯想到喪事。然而個別中醫或跌打師傅，都會使用這種顏色配搭。根據觀察，似乎屬於商戶個人喜好，並沒有特別的意思。

跌打店

多顏色招牌

香港日常最多見的招牌，都離不開顯眼直白為主，顏色配襯務求要在遠距離也看得到。所以白底紅字、白底黑字、紅底黃字等配搭便最為常見。現時雖已進入電腦製作年代，但招牌顏色很少用上花碌碌的顏色，都以單色及純色為主，當然底色可以是漸變色或是圖片。招牌用上單色字，至少會感覺正式莊重，予人老實可靠的形象。

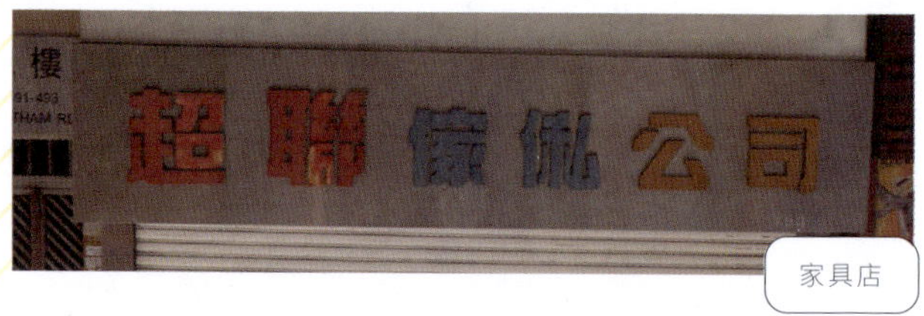

家具店

一般招牌用上兩種顏色是很常見的，看來也順眼，而有四種顏色或以上的招牌，我姑且稱為多顏色招牌吧（照片，圖畫當然不算）。用上這麼多顏色，除了客戶貪多務得，種種顏色都想要以外，當然有實際的需要。

首先是一些字比較多的招牌。這種招牌同時也作廣告牌用，內含資料很多，用單一顏色的字的話，字句容易混亂，所以用顏色區分句子，每「句」使用一種顏色，也不失為解決方法。當然公司名只用一種顏色，方便辨識，也不流於花巧。這種做法並不算很常見，可能因為顏色多會令製作比較麻煩，價錢也會增加。

以顏色區分資料

其次，個別行業有需要使用多顏色招牌，最常見的是幼稚園了。因為坊間普遍認為，顏色七彩繽紛會吸引小孩注意，從而令他們心情愉快。可能因為這樣，我也見過有補習社或教育機構，招牌顏色也是色彩繽紛，可能是要令學童（即是顧客吧）輕鬆一點，也與傳統中小學比較正規的形象區分出來。另外，最近建成的啟德兒童醫院，招牌也用上了七彩顏色字，也是因為以兒童為服務對象，招牌也有特殊要求。

幼稚園

啟德兒童醫院

記得以前新蒲崗有一家叫「彩虹」的快餐店，因為名稱的關係，順理成章的招牌色彩繽紛。現在的彩虹地鐵站月台，也都用上七色彩虹作主色調，因此名稱也決定用色的因素，當然這是少數的例子吧。

第七章

香港招牌遊

現時香港很多特色招牌都被拆卸，但看招牌一定要出名、有特色的嗎？我覺得從生活周遭看到的招牌，更有價值和回憶。以下會從我工作的地方——新蒲崗出發，再到觀塘、九龍城、上環、長洲等地走走，在舊區欣賞招牌的美感和趣味。

新蒲崗

立安工業大廈
義發工業大廈
愛麗斯髮廊

觀塘

九龍麵粉廠

土瓜灣

協安汽車玻璃

九龍城

九龍城街市
念敬佛社

深水埗

市區僅存伸出式大型招牌

上環

海味街

香港仔

利群商場

葵涌

區深記

元朗

三江國貨 · 章記傢俬

長洲

新蒲崗
葵涌
九龍城
土瓜灣
觀塘
上環
香港仔

立安工業大廈

新蒲崗五芳街 18 號

立安工業大廈的招牌，可以說是我在新蒲崗最喜歡的招牌。它並不顯眼，面積不大，顏色也不見耀目，這樣反而能與工廠區的環境，自然融為一體。

大廈位於新蒲崗五芳街，建成於一九六五年。因為招牌是與大廈連在一起的水泥結構，並非安裝上去的招牌，所以這很可能是與大廈一同建成的，也就是距今有超過六十年歷史了。

這個招牌是由七個水泥方格組成，左邊是凸字大廈商標，右邊是由右至左寫成的「立安工業大廈」六個字，每字佔位一個方格。字體介於楷書與行書之間，以招

中文字部分

英文字部分

牌字而言，筆劃略顯偏幼。坊間水泥字多為凸字，而這裏卻是凹字，雖然這會導致雨水滲入，但水泥字上有流水痕跡，居然不覺得污穢破舊，看上去反而有點理所當然。

這六個字的大小，也有別於一般招牌。平常招牌造字講求字形大小均一，視覺追求平衡，這樣才能給人穩健踏實的感覺。這裏的六個字反而大小不一，書法味道濃厚。當中「大」 字反而顯得最小，感覺這位書法家有些佻皮破格呢。

左邊的商標，看來令人摸不着頭腦。後來我在一次導賞團中，由一位中學的視藝科老師破解了其中的謎團。首先，大廈的名稱不是廣東話一般拼音「Lap On」，而是「Lead On」，有率領的意思，這使人一時難以理解商標內容；但當明白這一點，就可慢慢看穿商標的玄機了。

有朋友覺得，商標看似工業大廈的外觀；又有人說，這看來十分類似貨物埋疊的樣貌。無論如何，這個六十多年前的招牌，愈看愈令人覺得這是別出心裁的作品。不論作者的設計原意如何，但令不同人有不同的解讀，也許就是這個招牌的出色之處。

市區僅存伸出式大型招牌

位於荔枝角道與楓樹街交界的教會招牌，堪稱香港少數仍未清拆的大型伸出式室外招牌之一，上面寫着傳教句語「當信主耶穌，你和你一家都必得救」。這座招牌約有四層樓的高度，以前同等規模的招牌常見於銀行，酒樓或其他有實力的商號，以非商業的招牌而言頗為

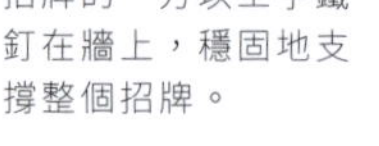
招牌的一方以工字鐵釘在牆上，穩固地支撐整個招牌。

招牌的另一面，有使用角鐵及鋼索加固。

2009年時招牌的狀況。圖片來源：google街景圖

罕見。現時看起來相當破舊，卻承載着許多未解之謎。至於招牌有多久歷史已不可考，保守估計也有二三十年吧。

根據 Google 街景圖的記錄，二〇〇九年時此招牌仍相當新淨，但自 二〇一七年前後逐漸失修，狀態日益殘舊直至今日。招牌以鐵架及鐵皮組成，並且使用工字鐵釘在大廈外牆，承托整個招牌，顯得非常牢固。雖然招牌上的字並未安裝霓虹燈，但有射燈用作照明。然而，據附近街坊所述，現時此招牌在夜間並沒有亮燈。

最令人感到奇特的是，上址目前似乎並無教會存在，且翻看 二〇〇九年的街景地圖，當時該大廈除這座招牌外，也未見有其他教會招牌。換言之，此招牌可能僅是純粹用以宣揚宗教的「廣告牌」。這樣規模的招牌製作費用與維修成本都相當高昂，其存在的原因與擁有人成謎。

以特別的角度，於招牌的正下方觀賞其安裝方法。

該招牌所在的大廈屬單棟大樓，似乎並無完善的管理制度。而招牌上未記載擁有人或所屬教會的名稱，這也可能是招牌至今仍未被拆除的原因之一。因此，若政府想指令清拆此招牌，執行的責任方亦難以確定。同時該大廈層數不高，業戶數量不多，加上深水埗區屬低收入區域，若由業戶負責清拆招牌的費用，很大可能負擔不起。

此招牌的安裝方法並不常見，因其位於建築物的一側，使用了釘在牆上的工字鐵支撐整個招牌，近年來的新造招牌不會出現這種情況。根據招牌業界前輩阮慶昌先生的分析，招牌使用工字鐵作主要支架，而安裝工字鐵需向政府相關部門申請。因此，此招牌應是當年經過批核才得以安裝，這或許也是招牌至今仍在的原因。

這個教會招牌至今仍然存在，應該只是出於政府執行清拆時出現了某些阻滯。無論這個招牌的狀況如何，或者以現今法例而言，它的清拆只是遲早問題。因為這類大型伸出式招牌已經絕無僅有，能在安全的情況下近距離看看這座招牌，去欣賞昔日招牌的鐵架設計與安裝工藝，不失為難得的體驗。

九龍城街市

九龍城衙前圍道 100 號

九龍城街市位於九龍城市政大廈內，於一九八八年啟用，已有三十多年歷史。街市分佈在地下、一樓及二樓，熟食中心則設於三樓，是區內最大的街市。

售賣水果，肉類，以及衣物和乾貨的區域

街市內將蔬菜、肉類、家禽、魚類及乾貨等分類清晰，每個區域都井然有序。街市的管理令人滿意，通道保持清潔，即使在魚類區域，也未見濕滑的情況。這樣的環境吸引了不少人進來購買所需，或到熟食中心用餐。連同周邊街道的店舖，提供了多樣化的選擇，深受居民和訪客的喜愛。

九龍城街市之所以被稱作「明星街市」，是因為不少名人常常到此光顧，包括周潤發、蔡瀾、林青霞、劉青雲等。他們的到訪為這個街市增添了名人效應，吸引了更多的關注。部分店家甚至展示了由蔡瀾題字或周潤發拍攝的人像照片，這些珍貴的紀念品被店家視為榮耀，樂於展示給顧客。

著名食家蔡瀾先生的題字

白底紅字的傳統招牌旁邊，掛滿店主與明星的合照。而當店主向我介紹由周潤發替她拍攝的人像照片時，喜上眉梢。

書法名家黎一鳴的題字

不知名「招牌王」 的字，場內隨處可見。

九龍城街市的招牌反映了香港街市的傳統風格，大多保存完好。舊招牌以白底紅字為主，展現出上世紀街市的感覺。在地下的一個菜檔，其紅底金字招牌由書法名家黎一鳴所寫，甚為搶眼奪目，在街市中絕無僅有。

許多白底紅字招牌的字跡來自幾位知名書法師傅，其中包括李漢及一位不知名的寫字師傅（見〈不知名的著名寫字匠〉，頁 266 — 273）。舊招牌的製作方法，多為膠片字及模板油漆字；而新招牌的佔比則相對較少，使用了電腦噴畫橫額、膠貼字及 LED 燈等現代技術。場內更遍佈店家的手寫文字，展現了最街坊、最貼地的文字設計風格，各具特色。

霓虹燈招牌（左） 及 LED 招牌（右）

李漢先生的題字

這是少有的中英對照招牌，店主表示早年常有外籍人士及家傭光顧，所以在招牌上加上英文。

由模板製作的油漆招牌字，場內十分常見。

店家的手寫文字

泰文招牌

手繪的水鞋廣告

我在探訪招牌的過程中，店家們大多熱情友善，樂於分享招牌的歷史，講述自己在這裏生活的點點滴滴。許多店家自街市開幕至今便一直經營，為這個社區奉獻了大半生的光陰。九龍城區正經歷重建過程，根據店家們所知，街市可能在四至五年後進行重建。雖然重建不可避免，但如今街市仍然保留着原有的魅力，未受到時代的巨輪所吞噬。要體驗這個明星街市的獨特氛圍，仍然有些時間。因此，這座街市及其背後的故事值得大家珍惜。

不知名的著名寫字匠

在參看九龍城寨網上資料的過程中，我看到大量出自同一人手筆的招牌字。而他的字依然存在於港九新界各區，經數十年依然保留。這位寫字師傅在以前應該有不小的名氣，只是隨着年月過去，他的名字亦隱沒於歷史長河之中。

開始着手尋找這位寫字師傅的資料時，無論在街上及網上圖片中，不難發現這種字體，而且愈找愈多。但相當可惜的是，我拿這些照片給一些老師傅看，他們均不知道這些字由誰所寫。

綜合各方資料，這位寫字師傅活躍於上世紀七十年代中至九十年代初，其字跡至今於九龍區不難找到，而香港島及新界亦偶然可見。因為在九十年代中後期開始，手寫字招牌已不再流行，所以從至今仍可在街上找到不少由他題字的招牌這一點來推斷，估計經他書寫的招牌，應遠多於李漢。經過比對，已經可以否定此人為區建公、謝熙、卓少衡、黎一鳴及黎光（旺角著名寫字師傅）。

然而，我手上有一些薄弱證據，以及

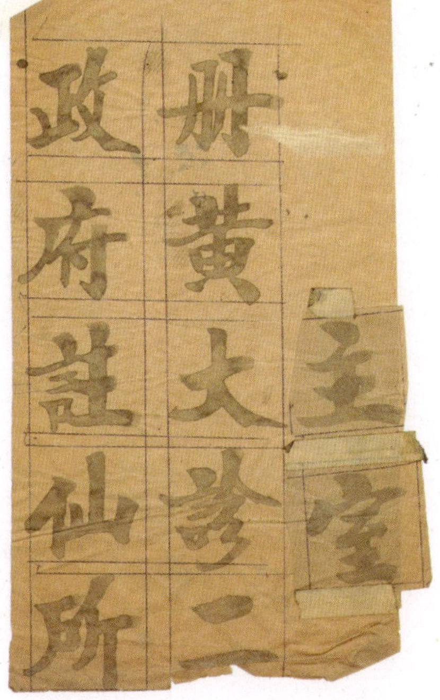

我手上的珍貴原稿。留意「宀」，「广」等部件相當有個人特色，而「診」字的寫法更見獨特。

經由訪問所得的資料，希望可以縮窄範圍，推敲大概是哪一位前輩。

近年整理老爸珍藏的書法字稿時，發現有兩頁不屬於李漢的字。很明顯，是屬於這一位不知名書法家的珍貴手稿。有點奇怪的是，字稿十分淺色，細看下可見是以很淡的墨汁書寫，其中一頁更以黑筆勾畫邊界，以方便加工使用（參看頁 22，疑似張超的字稿）。

記得招牌界老行尊麥錦生先生，在一次訪問中憶述，他曾光顧一位「寫字佬」寫字，當年他的生意相當好，名叫張超。他習慣以淡墨汁寫字，有時字稿邊界模糊，更會親自用幼筆勾出邊界。他很不喜歡別人修改他的字，叮囑客戶「切勿塗改」。

澳門年青書法家陳星宇指出，書法有時會根據需要使用淡墨汁。但稀釋墨汁後，運筆可能會比較順暢。此外，他亦估計稀釋墨汁有助節省成本。從以上兩點看，張超先生使用淡墨汁寫字，反證他的生意相當好，是一位多產的「寫字佬」。

九龍灣

荔枝角

新蒲崗。由他寫出來的小字，比較罕見。

單純靠兩張淡墨字稿，不足以證明寫字的人是誰。當然我亦會問問近年記憶力大不如前的老爸。他看看字稿，說：

「張超，好像是啊，我不肯定。以前我知道的（寫字師傅）不外乎那三兩個。」

上環。照片提供：林曉敏（香港遺美）

屯門。照片提供：K Sir 陳敬倫

葵涌

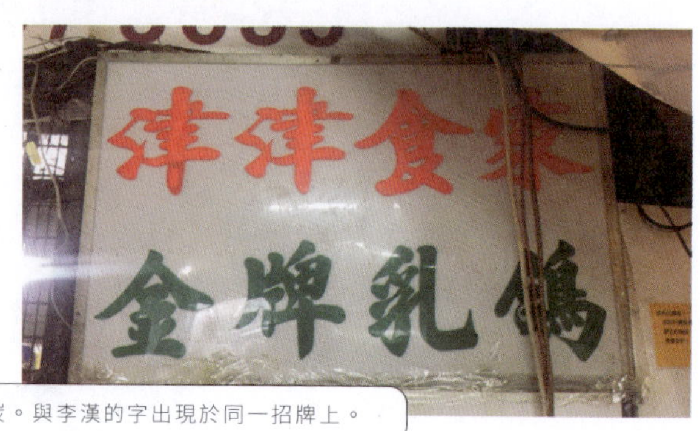

火炭。與李漢的字出現於同一招牌上。

石硤尾

新蒲崗

旺角

我在調查的過程中，得到的答案不止一個。一日我在一家餐廳午膳，居然看到牆上的食物名稱，全都出自這位師傅的手筆。我立即詢問店員這是由誰書寫，一位老店員說：「這不是甚麼書法家寫的，那是我們老闆父親的字啊。」但當繼續追問詳情，店員便無法再提供了。

上述的都只是屬於比較間接的證據。遺憾的是，暫時沒有人能直接指出這位寫字師傅是誰。如果大家知道，歡迎在網絡上告訴我，讓這位已被遺忘的寫字師傅的大名，重現世人眼前。

椒鹽白飯魚
豉椒炒柏葉
京都鮮肉排
新會陳皮蒸鯇鯭
油泡肥田雞
梅菜蒸腩肉
豉油皇蒸吊片
黑椒牛仔骨

肉鬆蒸水蛋
椒鹽白飯魚
豉椒炒柏葉
京都鮮肉排
新會陳皮蒸鯇鯭
油泡肥田雞
梅菜蒸腩肉
豉油皇蒸吊片
黑椒牛仔骨

念敬佛社

九龍城南角道 29 號

念敬佛社的外牆招牌

九龍城一間佛堂的招牌名為「念敬佛社」，位於南角道29號。這塊招牌以雲石雕刻而成，黑底金字，形成了明顯對比，既莊重又引人注目。書法字體為北魏，是當時流行的招牌書法體，看起來蒼勁有力。石雕招牌在區內並不罕見，常見於舊式住宅大廈，以及街坊機構及社團的招牌。無論是在市區的佛堂，還是一般商舖，這塊招牌的尺寸顯得格外突出，相信製作成本相當昂貴。其左下角有落款「吳錫豪題」，右上角則刻有「壬子秋月」四字，時間標記為一九七二年。招牌雖已有五十多年歷史，但狀況仍然良好。

落款的「吳錫豪題」引起了特別的關注，因其與七十年代香港傳奇人物吳錫豪同名同姓。此人外號「跛豪」，因販毒被控罪，於一九七四年入獄，並在一九九一年因病重得以假釋，僅半個月後便離世。透過街坊口述及網上資料核實，招牌上的吳錫豪確實與上述人物為

根據現場環境，壬子年即是一九七二年，而「秋月」泛指農曆七至九月。

招牌上的落款

同一人。然而，招牌上的「題」字並不一定表示字跡為吳錫豪本人所書。一般情況下，「題」字可能代表題名者、主事者或是出資金主的身份。至於這個招牌由誰書寫，因為我們沒有有關吳先生書法造詣的資料，所以無法印證是否由他本人親自題字。

在香港及華人文化中，招牌的落款形式具有特殊的意涵。若落款寫為「某某題」，可能表明招牌由該人命名或出資；若寫為「某某書」，則表示字為本人所寫的原稿。這種落款形式在一些學校及機構的招牌上亦可見，甚至電腦字體的招牌也可見到落款標明「某某某題」，以示尊重或聯繫特定人物。

這幅掛在香港商業電台的對聯中，清晰展示「題」與「書」的關係。「何佐芝題」的意思是由他創作的對聯，而「李我敬書」則展示書寫人的名字。

落款為「陳夏皆書」加上印鑑，就是書寫該匾額的人。

落款為「書」的另一例子

電腦字招牌也有落款

義發工業大廈

新蒲崗大有街35號

義發工業大廈外牆招牌位於新蒲崗與爵祿街交界。該廈於一九六五年建成，翻看一九六七年新蒲崗暴動的片段，已可看到它的身影。

這個招牌最主要的特徵就是——大，佔據整幅十多層樓高的大廈外牆。單就左下角的印章，已有一個小孩的身高；而「義發工廠大廈」這六個字，每字估計高約三米，接近兩個成年人的高度。相比起東九龍的另一個巨型招牌「九龍麵粉廠」，義發招牌還是大得多，只是因為新蒲崗交通不如觀塘方便，這裏的名氣似乎不如後者。

這幅外牆招牌的左下角有落款，寫着「陳正文」三個字，以及他的印章。有落款的招牌，在新蒲崗相當罕見。至於陳正文是甚麼人，我在互聯網上怎樣也找不到。有趣的是，貼鄰大廈「正華工業大廈」也有相似的外牆題字招牌，題字者署名「陳正」，不知是否有關係，甚至其實是同一人吧。

落款

中、英文字的配搭

先看看這個招牌的英文部分。英文字用了有襯線的英文字體，以五十年前的工廈招牌來説，感覺比較講究，到了今日仍不覺得過時。而中文字方面，字體屬於楷書與行書之間，六個字當中，「義」、「發」二字均為異體字，這是手寫招牌常見的現象，看來生動多變，又不失招牌字的可辨性。

這招牌的製作方式，屬於大型水泥字。這種字的製作過程，已沒有詳細記錄，只有靠老師傅的憶述，以及個人的估計作推斷。有別於小型水泥字（見另章），製作大型水泥字，先要將字稿在牆上放大，勾劃出線條，並以木板或金屬片將字的外框圍起，再將水泥以批盪方式將字的範圍填滿，形成一個有厚度的大字。這種製作方式，因為需要大量人手，現在已不復見，取而代之的是較輕的空心金屬字，通常在大陸製作，成本可大大減低。

有朋友跟我説，這幅外牆招牌的用色比較新潮，粉藍底深藍字的確跟傳統工廈的古老形象，有些格格不入。我記得這以前是灰色外牆，黑色大字，感覺有些破舊，後來大廈維修，換上比較現代化的新裝。看來也相當不錯的。

現今新建大廈為增加自然採光，多數以玻璃幕牆為主要的外觀，所以這種佔據整幅大廈立面的外牆招牌，很難會再出現。而這種大字招牌，現時亦不流行，即使想在外牆展示大字，亦會以可閃動的LED燈，甚至用巨大的LED幕牆替代，可以隨時轉換所需展示的文字及圖案，甚或可以賣廣告賺取收入呢。

愛麗斯髮廊

新蒲崗景福街 75 號

愛麗斯髮廊是我十多年來經常光顧的理髮店，位於新蒲崗景福街某大廈的一樓，由開店至今，已有四十多年歷史了。店主黃先生說，他的店原本位於衍慶街，比現在的店面要大得多。但店主現在年紀大了，不能招呼太多人，店內只剩下三張理髮椅子。理髮師只有他一人，他的太太有時會幫忙洗頭吹頭。

位於樓下的紫色招牌，是我帶領招牌導賞團時的指定教材。上面的字，兩邊的閱讀方向相反，由馬路開始向建築物延伸，是典型的「讀入舖」招牌。招牌不算很大，大約三尺乘四尺，和理髮店一樣有四十多年歷史。由於招牌製作精良，加上位於簷蓬之下，沒有直接受到風吹雨打，看起來狀況良好，沒有陳舊感覺。我曾問店主：「為甚麼選擇紫色字呢？」原因很簡單，只是店主個人喜好而已，他當時沒有留意，原來紫色招牌很多時都屬於「純粹租房」的酒店，總之覺得好看就是了。

這招牌是在一九七八年製作的，字體很像李漢的字跡，但無法完全證實。問店主招牌的製作費，原來當年這招牌索價二百元，包括製作及安裝，在當年來說並不算貴。店主說當年與今日理髮的價錢大約相差二十倍，如果這算作通脹的標準，今日這招牌要四千元左右。以全手作而言，也相當合理。

步入大廈樓梯，左邊可看到已褪色的價目表。上面的字由專人寫上，而俊男美女的頭像，不是直接印上去，是由剪貼製作而成。除了價錢以外，價目表保持原貌，是八十年代的風格。從上面的頭像看，居然看到年輕的吳奇隆，可以斷定這個價目表是八十年代末到九十年代初製作的。

樓梯的另一邊，有一幅由手繪噴畫製成的女像，畫功精緻細膩，而且完全沒有褪色，令人驚嘆。今時今日電腦製作盛行，像這樣常彩的手繪作品，極為難得，店主說：「這些噴畫相當常見啊，價錢也只是幾百元。」這種噴畫在很多理髮店都有，但無論大小及質素都有很大差別。

到了一樓理髮店門口，也有另一個黃底紫字的招牌，顏色很明顯是店主親自選擇的。招牌的上方崩了一角，店主說這原來是由理髮店舊址搬過來的，拆除時不慎造成損壞。反正損壞不算嚴重，舊招牌也有紀念價值，所以照用算了，如果要造新的也要再花錢，不如將就一下吧。結果，招牌的生命也延續了二十多年。

古舊的髮型店給我的感覺自在舒適，即使鏡上有點鏽跡，椅子的坐墊也凹陷了，但這種環境卻令人安心。最後我問店主：「為甚麼叫『愛麗斯髮廊』呢？」答案很簡單，原來這是店主太太的英文名字。用太太的名稱作為店名，用潮語來說：「真係好閃啊！」

隨着店主年紀漸長，最終決定把經營多年的理髮店結束，享受人生。他將幾件珍貴的招牌交給我保管下來，並於其後的公開展覽中，用作教學及觀賞用途。

已褪色的價目表

手繪噴畫製成的女像

黃底紫字招牌

多產的手寫招牌師傅：曹華安

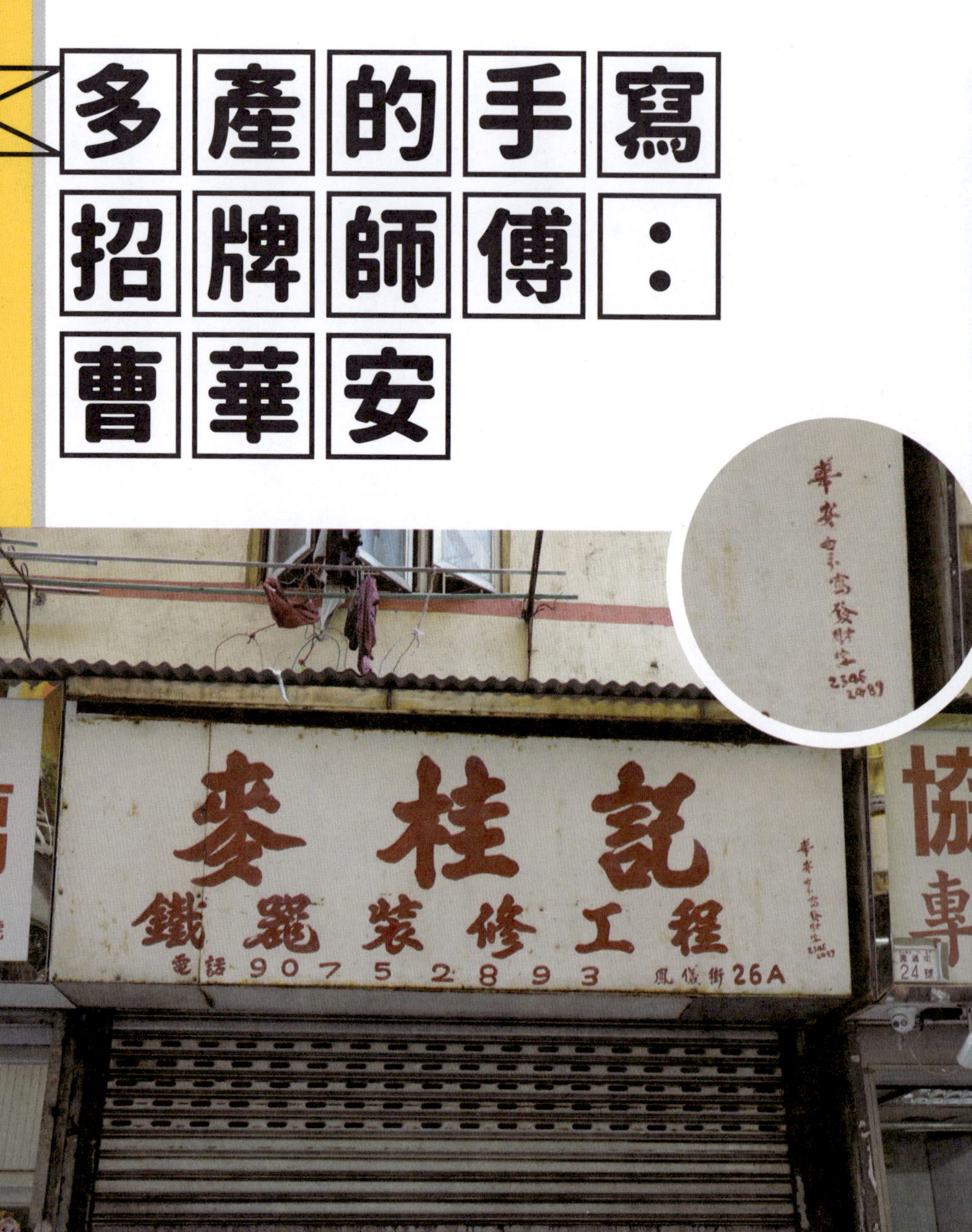

回想起認識曹華安師傅的字，是在我搜集新蒲崗招牌資料的時候。新蒲崗有一個空置的西醫診所，街口轉角有碩果僅存的三角形西醫招牌，外牆還寫有診所的名稱。後來我在比對 Google 街景照片時發現，原來手寫招牌名稱的下方，寫有一個人名及電話，署名是曹華安。

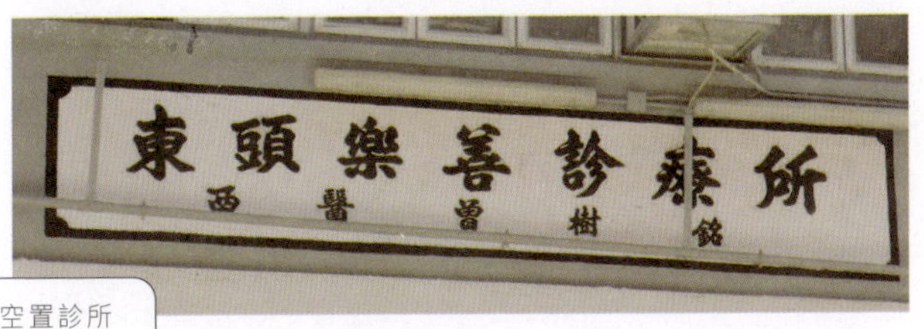

新蒲崗空置診所

除了新蒲崗，後來我在土瓜灣，觀塘，九龍城均發現他的手寫招牌字。從字的風格來看，他寫的全部都是楷書，符合香港的招牌字風格，筆劃粗而醒目。相比北魏字體或李漢港楷，曹先生的字感覺較敦厚老實，雖稍欠氣勢，仍不失為相當不錯的招牌字。

用上曹華安師傅字的招牌

馬頭角十三街一帶，多為古舊的住宅區，相信至少有五十年歷史。這裏有很多車房聚集，連帶有汽車玻璃、鐵器工程等店舖等等。這街很多招牌都是手寫，以白底紅字居多，但偶然見到紅底白字，藍底紅字，字還加上了陰影，有立體效果。這些招牌的共通點，就是都能找到曹先生的「落款」及電話。

我好奇問問附近的店主，他們都不約而同地說，這些招牌至少有十多年歷史，現在已找不到曹先生了。他們都不知曹先生的現況，只知曹先生年紀相當大，退休已是必然的了。記得我在網上一張圖片看過，一個招牌的下角寫有「曹華安八十二歲書」，令我很想打探一下他的消息。

我嘗試致電招牌下方留下的電話號碼。有兩個已不能接通，第三個打通了，傳來了一把女人聲音。她自稱曹太，是曹華安先生的媳婦。她說曹先生已經不在了，大約是十年前去世的，享壽九十二歲。曹太説曹老先生的家人大多移居外國了，並沒有繼承曹老先生的事業。

曹華安到了八十多歲仍很壯健，一直寫到八十六歲才退休。因為他是白手寫招牌字的，所以要爬梯到門頂，閣樓甚至更高地方寫字，當時曹先生仍可應付。根據曹太憶述，曹老先生除了身手靈活外，視力還相當不錯，而且他對招牌字的大小及排位估計十分準確，令人不得不佩服他多年的功力。

網上很少提及曹老先生，我向曹太提到，我們應多謝他為香港的貢獻，曹太不禁笑言不敢當。隨着手寫招牌字已被各式招牌取代，相信已沒有新人從事這門手藝了。手寫字招牌都是最廉價的招牌，沒有人會有興趣去保留，相信只會愈來愈少。趁着現在街上仍有一些這類招牌字，有緣看到的話，不妨欣賞一下，並試看看招牌的角落，能否找到曹老先生的珍貴署名吧。

用上曹華安師傅字的招牌

九龍麵粉廠

觀塘海濱道 161 號

每次乘車經過觀塘繞道，都會看到觀塘工業區，當中最矚目的地標，可算是九龍麵粉廠了。那兩組招牌大字，一組橫排一組直排，每個字高約一層半樓，大約有四五米高，遠至海港對岸的香港島，也能隱約可見。

九龍麵粉廠於一九六六年落成，已有五十多年歷史。從歷史圖片上見到，那兩組招牌大字在大廈落成時已經存在。大廈樓高九層，比附近的新大廈矮一截，亦略見陳舊；但那棟高七層樓的麵粉槽，是全香港都十分罕見，而大樓六十年代的建築風格，那條從外面也看得清楚的樓梯，令我想起了中環的香港大會堂。

現在九龍麵粉廠仍在運作，在炒賣掛帥、不重視實業生產的香港，實屬非常難得。二〇一一年，時任發展局局長的林鄭月娥亦看到麵粉廠的獨特性，認為觀塘工業區在大規模重建的同時，亦要保育一些有特色的建築物，並指明九龍麵粉廠應予保育活化。但麵粉廠至今仍在運作，並無計劃拆遷，保育計劃亦不了了之。

「九龍麵粉廠」這五個字十分清晰顯眼，擁有香港傳統手寫招牌字的特色。其書法字體屬於北魏，感覺剛猛有力。兩組字的大小相近，但製作方法各異：直身位於麵粉塔上的那組是油漆字，因為牆身較為新淨，不可能五十年內都沒有維修過，所以極可能經過重髹。

油漆字

水泥字

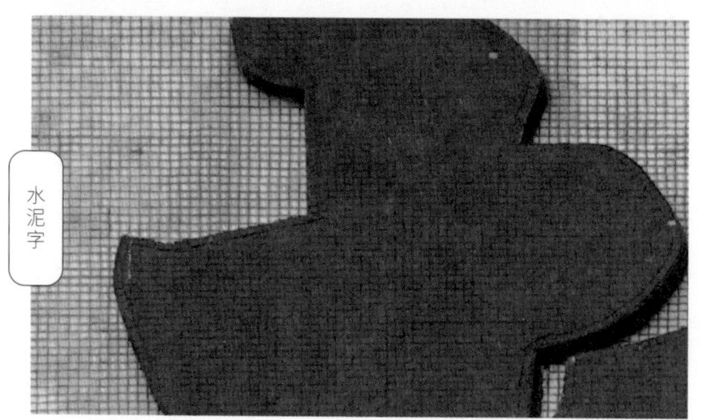

而橫身位於大廈頂的那組字，初時我以為也是油漆字，但近看發現大廈頂整幅招牌都舖上紙皮石，而上面的黑色字，則應該是水泥字，表面再舖上紙皮石，製作比想像中精細，而且估計所費必定不菲。可惜的是別說在觀塘繞道上去看了，就算在大廈地下看去，因為太遠的關係，也不會看到那些精細的手工。

有沒有留意這五個字的寫法，除了「九」字以外，跟我們平常的寫法有些分別呢？沒錯，根據考證[1]，其中的「麪」應為正寫，我們平日常見的「麵」字卻只是俗寫。這可能反映了六十年代的書寫方法，當然現在看來，「麵」字也因約定俗成，為大眾接受了。其餘「龍」、「粉」、「廠」三字均為異體字。五個字中，有四個字雖然跟日常寫法不同，但卻絲毫無損這招牌的可辨性。

缺了字芯

還有一個招牌上的細節，可能只有我這個招牌佬留意得到：大廈頂部那組水泥字，其中「麪」字左下方的「夂」，中間那個小三角形並沒有造出來。這些部分我們稱作「字芯」，有時我們割字時也有漏做，但這麼大的字也有這個缺失，作為公司的大招牌，這情況相當罕見。

1 中華書局編著：《中華新字典》。香港：中華書局，2017年，頁729

協安汽車玻璃

土瓜灣鳳儀街 21-27 號

這是一家有趣的店鋪，位於土瓜灣鳳儀街的舊樓之中，附近的店鋪，全都與汽車維修有關。這區的招牌很多都是手寫的舊招牌，不少都出自曹華安之手，而這家店鋪擁有兩個特別大的手寫招牌，引起了我的注意。

這是一個相當寬闊的地鋪，我沒有詳細量度，估計有七八米闊。店鋪上方有一個白底紅藍字的手寫字招牌，字是由左至右；而在其上面，閣樓外牆之上，又有另一組手寫字，紅底白字，字非常大，至少有一米高。雖然這組字與下方的字並排，但閱讀方向卻是由右至左。兩組字在用色及閱讀方向都是相反的，看起來相映成趣。

我留意到閣樓外牆的那組字，上面有鐵架包圍。原本上面有一幅巨幅橫額遮蓋這組舊招牌字的，二〇一八年的山竹風災後，橫額損毀，舊招牌字得以重見天日。原來颱風除了破壞招牌外，有時會使更古老的舊招牌，重現世人眼前。

這兩組招牌大字，極可能是在一九九〇年或以前完成的。一來從招牌左方，曹華安先生的「落款」可見，電話號碼只有六個字，這是一九九〇年前的電話號碼。另外，招牌上「西德」二字，也是時代的見證。德國於一九九〇年十月三日正式統一，由此證明這兩組字的製作年份，應該是八十年代。這兩組字雖然已有大約三十年歷史，但看起來狀況不錯，字體十分清晰，也沒有明顯剝落。

除了這兩組字，這店原來有特別多招牌。我仔細一數，這店在同一店面共有十一個招牌之多！當中分別有膠片字四組，油漆字四組，膠片貼紙字招牌一個，膠片燈箱一個，以及玻璃鏡面招牌一個。玻璃鏡面招牌上面，是這裏唯一一個北魏字體的招牌，看來比膠片招牌要古老，而「協安鏡器」的「器」字用上了異體字。

問過我爸和另一位招牌師傅，他們都説做這麼多的招牌，其實並沒有特別的意思，一方面付得起錢就可以做，二來反正有的是地方，多做幾個招牌充撐場面，也是顯示財力的一種方法。

「器」字用了異體字

門邊也安裝了招牌

兩個錯處

我還留意到門頂招牌上的一些細節。首先是「專營」後面，冒號的兩點是橫寫的，而其後「擋風玻璃」的「擋」字，錯誤寫成木字旁的「檔」字。這些細微錯誤，看來其實無傷大雅，可能只有一些像我這樣的「正字特警」才會留意到。正因為有這些小小的沙石，舊招牌才會顯得更加有趣。

跟譚智恒老師看九龍城

一次難得的機會，有幸參加由譚智恒老師帶領的導賞團，看九龍城的招牌及街道文字。譚先生是現任香港知專設計學院，傳意設計首席講師，在字體設計及分析方面有豐富的經驗。

九龍城區內舊樓林立，無論公共屋邨或私人樓宇，人口都以基層人士為主，亦夾雜一些工廠及車房，所以保留了不少舊招牌，很值得觀察。

導賞團由宋皇臺公園開始。碑刻乃長久保存文字的最佳方法，「宋皇臺」這三個字經歷二百年的風吹雨打，依然清晰呈現。簡簡單單的三個字，已有兩個可以討論的地方：一是宋王臺故事主人翁——宋帝昺為宋朝末代皇帝，理應稱為「宋皇」而非「宋王」，相信「宋王」是沿襲元朝修宋史之謬，所以石碑上寫上「宋王」此乃不太準確的寫法。另一方面，碑上「臺」字乃異體字，可能為方便在石上刻字，就簡化了筆劃。

對面馬路的福桃樓招牌，字體為楷書，字型秀麗，沒有街坊招牌般的霸道感覺。因為字比較大，而且是刻在黑色雲石上，字髹上金色漆油，對面馬路也看得清楚。

譚老師說，這區大多為商住兩用樓宇，樓齡較高。香港自二次世界大戰後，外地不少資金及人才流入香港，導致住宅及工廠大廈均不敷應用。政府因此在五十年代，容許私人興建樓宇內用作工廠及商業用途，以解決各方面的需要，稱為「綜合用途建築物」，直至七十年代才禁止[1]。地面多為商

福桃樓招牌

舖，一樓或以上則商住兩用。很多街坊小舖都能在這裏生存至今，招牌也自然在此百花齊放。

經過附近的公共屋邨，可看到由北魏體寫成的樓宇名稱。區內的真善美邨及馬頭圍邨，都可輕易找到這種字體。譚老師似乎很喜愛北魏字體，導賞過程中每當看到，都會停步講解。

新南風餐廳是區內的地標招牌，佔據大廈的半個立面。這應該是水泥凸字，表面再舖上馬賽克紙皮石。字體是手繪的宋體字，看上去又有點姚體的味道。上世紀六七十年代，文化大革命的宣傳海報，很多都會使用姚體，這個招牌或多或少受到這種影響吧。

聯合鐵號為北魏字體，風格剛勁有力。雖然是用膠片製作，但筆劃末端仍保留飛白，更顯招牌師傅的製作心思。四個字把整個招牌擠得滿滿，符合香港人盡用空間的性格，老遠也能清楚看到。

新南風餐廳

真善美邨

聯合鐵號

九龍城馬頭角十三街是歷史悠久的社區，建築物相當殘舊。這裏最多的是車房以及相關行業，招牌多為手寫。店舖閣樓外牆上，偶爾保留古老的水泥字招牌，還可看到不同年代的路牌。

導賞團以九龍城碼頭為終點站，這裏恐怕在不久的將來就會拆卸，而碼頭上的字體則相當罕見。這類似一種廣告字體，俗稱「釘頭字」[(2)]，常見於印刷品。譚老師笑説，可能寫字當日，「寫字佬」因某些原因不在，所以店家要臨時找來一位「廣告寫畫佬」頂上也不定呢。

九龍城作為一個舊社區，絕對是一個內容豐富的招牌博物館。隨着市區重建，這裏的景觀將會逐漸改變，所以要看招牌的話，就得趁早了。

1　〈本土樓宇奇觀（三）劏樓，why not?〉，夠 pop

2　「釘頭字」所在的馬頭角公眾碼頭已遭拆卸。

海味街

上環德輔道西

海味街是上環德輔道西的其中一段，街道兩旁主要是買賣海味為主的店舖。據説在上世紀初，已有華人在這裏一帶聚集買賣海味，至今已超過一百年歷史。這一帶交通十分便利，除了是交通要道，有多條巴士路線經過，有百年歷史的電車亦會途經此道。這一段路的兩旁被約有五十年歷史的舊樓包圍，樓上是住宅，樓下是商舖。店舖似乎經歷多年沒有搬遷，估計當中有許多都是自置物業，沒有被加租迫遷的憂慮，因此能夠保留大量的舊招牌。

照片提供：
劉國偉先生

我對這區域並不熟悉，只是慕名而來看招牌，看的是由皇后街到正街的一段德輔道西。短短大約五百米路程，急步走的話，十分鐘可走完，可是這裏的招牌多得令人目不暇給，各式各樣字體、造法、物料都有，專程來看招牌的話，必定會在這段小路來來回回、流連忘返，把這個充滿生命力的招牌博物館好好欣賞一番。

不同招牌製作方法展示

首先，論招牌製作方法：木字、不鏽鋼字、膠片字、銅字、水泥字，想得出説得到的都在這裏看到。無論是百年老號、飽歷風霜的古老招牌，到最新製作的現代招牌都可以找到，就像一個小社區，年青人和長輩一同生活，協調出和諧畫面，同在一條街上，服務不同店舖，不同街坊。

不鏽鋼字

木字

LED字

銅字

膠片面，木字

從書法字體來看，楷書，行書，隸書，北魏，電腦字體，甚至篆書都可以看得到。同一街道上有如此多不同字體的招牌，而且書法水準相當高，如果單純從觀賞書法角度而言，海味街可以堪稱為一道書法的藝廊。

楷書

行書

北魏

隸書

在這些老店裏面，往往收藏着祖傳的金漆招牌，通常放置在店舖最後方的顯眼位置，被店主視作家傳之寶。從正門看去，可以同時看到大門招牌和店內的金漆招牌，二重招牌格局，給人莊重有氣派的感覺。另外，我看到特別嬌小的「和珍號」招牌，形狀特別之餘，中文還是直寫的，題得與眾不同，已有六七十年歷史了。

二重招牌格局

「和珍號」招牌

這裏長久以來都沒有地鐵通車，直到二〇一五年西港島綫通車為止。這無疑大大改善了這裏的交通，但換來的是租金上漲，地產商垂涎舊樓業權，積極計劃重建。這在很多地鐵新近通車的區域都有出現，不難預見，這裏亦將會經歷更快更急的變化。

利群商場

香港仔香港仔大道 223 號

從香港仔乘車到華富途中，路經香港仔海傍道，我被幾個非常大的英文字吸引住了：ABBA。大叔如我馬上想起了七十年代瑞典著名流行樂團 ABBA，當然這只是商場名稱，跟樂隊沒有關係的。在大字旁邊有些小字（其實也頗大的），顯示這裏的名稱——利群商場。

利群商場被香港仔大道及香港仔海傍道環抱，樓高兩層，是以獨立小店為主的舊式商場。商場於一九八三年落成，四邊外牆均有大得誇張的招牌，而且用上了搶眼奪目的紅色。對於一個中型的商場而言，這組橫越七八個舖位的招牌字，明顯大得誇張，別説向內街那方向了，就算是向海那邊比較開揚，也十分令人注目。

商場招牌最大的英文字 ABBA 有大約兩層樓高，連同小字「shopping hall」均用上了 Helvetica 字體。説到 Helvetica 字體，雖然電腦在八十年代未普及，但這字體在植字公司可以輕易得到，無襯線的簡約設計得到廣泛的應用，Helvetica 字體可算是設計界的典型代表，學習字型設計的人一定會懂。然而在這招牌上，英文用上柔和的無襯線美術字型，但中文字沒有配合地使用黑體字，卻使用了手寫毛筆字，筆觸鐵劃銀鉤，兩者並不協調。這種情況在舊招牌上不足為奇，可見當時對中英文字體是否配搭，未必會太重視的。

中、英文字的配搭

商場的另一邊，有一個用「利群商場」四字組成的一個標誌，大小也是兩層樓高，面向香港仔大道，近距離看去很有壓迫感。這種外牆大招牌，雖說這可能是出於決策人的選擇，但也有可能是八十年代的一種風格。我在觀塘世紀工商中心，找到了一個風格類似的外牆標誌，風格和顏色都很相近，連英文字型也相同。最巧合的是，世紀工商中心也是在一九八三年建成的。

在經濟起飛的年代，賺錢相對容易，能花在招牌上的預算也可較多，加上在繁盛的街道上，要令路人注視，突圍而出，把招牌造得誇張的巨大，應該是一種有效辦法。個人觀察，在百業興旺的年代，招牌無論在設計、用色，以至大小方面，都會傾向誇張奪目。這種手法在今日看來，會顯得令人窒息，現時有些招牌的風格，會受日本或台灣清新低調感覺影響，反而會走到另一方向，招牌字變得很小，跟一般香港招牌很不同。

要造出這麼大的字，除了大型水泥字和油漆字以外，最佳造法就是空心金屬字。這種製作方法由來已久，由大型鐵皮招牌，到不同形狀的霓虹招牌，都使用鐵皮製作；同樣方法，也可製成大型金屬招牌字。直至今日，大型外牆招牌字也沿用此製作方法，或者現在會在空心金屬字後方，加上 LED 燈作照明，在夜間勾畫招牌字的外型，營造立體效果。

觀塘世紀中心

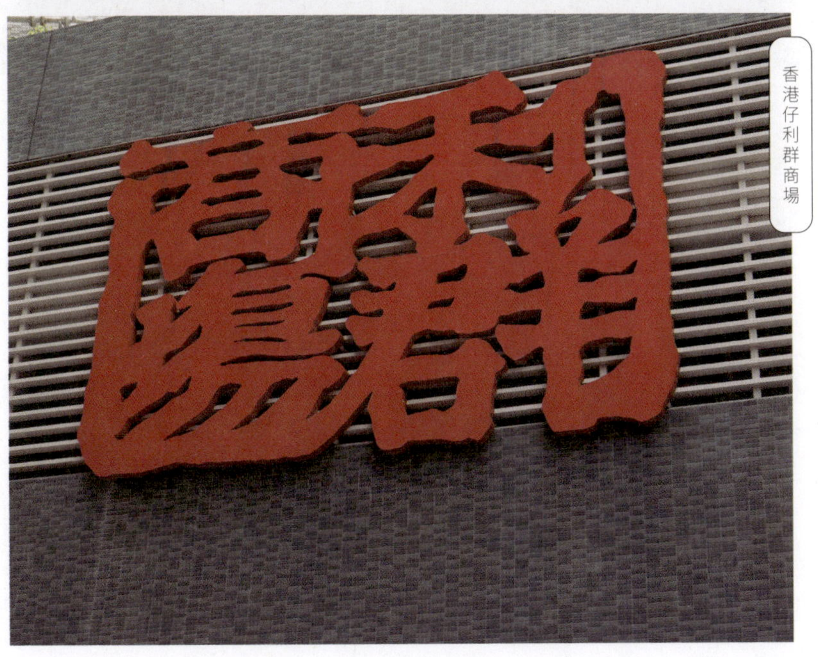

香港仔利群商場

麗瑤邨街市

葵涌麗瑤街

這是一個怎樣看也平凡不過的街市，但對我來說，卻充滿了回憶。

葵涌麗瑤邨是由我年幼到少年時居住的地方。自二十年前遷離，我回來的次數屈指可數。今次偶然回來，覺得這裏好像老化了不少，沒有了以前那種寧靜中又帶點活力的感覺。畢竟這裏交通不便，商戶一旦遷出，便沒有人願意進來做生意，出現了不少空置店舖。

這是我自開始研究招牌後，第一次回到這裏，感覺非常特別：兒時常常光顧的生果店大門緊閉，未知有否繼續營業，同時發現招牌原來是寫得很有氣勢的北魏字體，加上傳統特色的通花鐵閘，我以前只會匆匆經過，視而不見。或許街坊招牌就是這樣，感覺親切自然，就像空氣一樣，包圍着每個人，卻未必感受到它們的存在。

這裏的街市比起以前，已變得冷清非常了。一來相當大 部分已劃作茶樓用，被圍封起來，面積小了一半。二是大部分攤檔都已搬走了，剩下寥寥幾個攤檔。當中這個「區深記」的店主是我從小到大到認識的老街坊，在這裏開檔有接近四十年歷史。

區深記

我留意到這個菜檔的招牌，跟大部分攤檔的有點不一樣：街市攤檔裏面，很少看到隸書的招牌。檔主輝哥沒有忘記我這位舊街坊，我們一邊傾談這些年的變化，一方面我又問他開業時訂造招牌的情況。他説除了要寫甚麼字以外，使用哪種字體、用料都是由招牌師傅決定的。反正這個招牌也很好看，也沒有留意原來使用了跟其他檔口不同的字體。招牌使用了四十年，雖然已有歲月痕跡，但依然相當穩固，平時用雞毛掃清理一下便可以了。

輝哥跟以前還是一樣，每日繼續辛勤工作。雖然不再年輕，女兒都已長大，但身體仍然十分壯健，在可見的未來，他和菜檔仍然會繼續為街坊服務。

三江國貨・章記傢俬

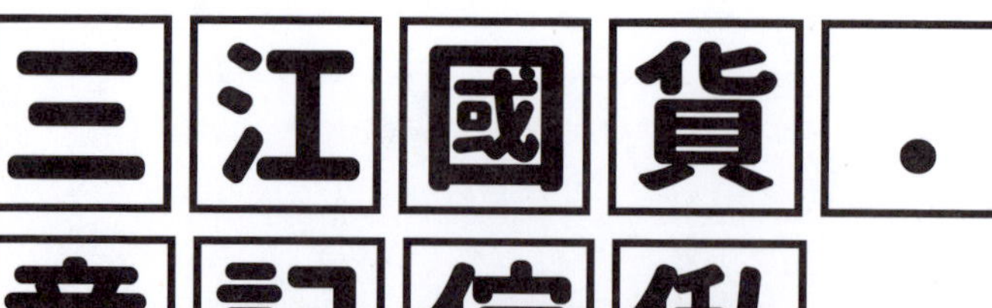

元朗大棠路英暢樓

將小字放大造招牌，
絕對不是一個明智的選擇。

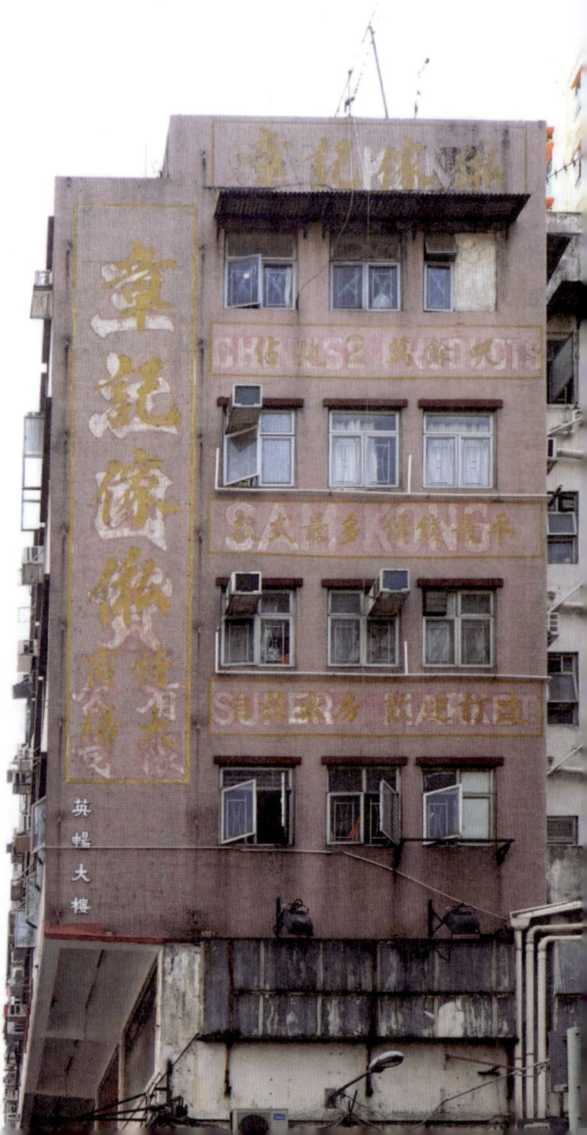

在元朗大棠路英暢樓，靠近千色廣場的一方，有個古怪的景象引起了我的注意：約四層樓高的牆壁上，用黃色油漆髹上「章記傢俬」招牌及宣傳語句，不完全地遮蓋着另一組較舊的油漆招牌字「三江國貨」。雖然兩組字都已褪色，但因為面積很大，老遠都看得到。

國貨公司在上世紀九十年代前曾大行其道，相信這家「三江百貨」就是其中一家。根據網上資料，三江百貨在八十年代中期仍在上址營業，相信已更名及遷到同區地舖。至於「章記傢俬」，網上資料就有好幾家同名的傢俬店，究竟跟元朗那家有沒有關係，就不得而知了。

現場所見，章記傢俬的招牌字為黃色，字體為楷書；而較舊的三江國貨招牌字是白字細紅邊，字體是北魏體，英文則是純白字。看來章記招牌的原意，是想用新字遮蓋舊字，但效果似乎並不理想。一來新字比舊字小，不足以遮蓋舊字；二是舊字在用色方面，比新字要搶眼醒目，加上顏色未褪，將黃色新字強加上去，效果自然不好。三是字體方面出了問題。對我來說，這字體熟悉不過了——這很可能是李漢伯伯的字。

一般而言，處理新造的油漆字，必須重髹底色，徹底把舊字遮蓋，效果才會理想。而這招牌的情況，很明顯出自預算考慮。要重髹一幅幾層樓高的外牆，價格當然不菲，加上外牆有不少民居窗戶，重髹外牆會騷擾住客，問題不易解決。

我常常說李漢港楷很適合作為招牌字，在這裏為甚麼會效果欠佳呢？我估計「章記」的招牌字，筆劃看起來明顯較幼，應該是由比較細小的毛筆字原稿放大得來。作為招牌字，必須要寫得比較粗，但不同大小的字，筆劃粗幼會很不同。基於寫字師傅的收費標準，字寫得愈大會愈貴，因此招牌師傅在製作這組油漆字時，用上了比較小的毛筆字來放大。反正都是放大，叫寫字師傅寫小字，可省下一筆寫字費用呢。但得出來的結果，有目共睹吧。

處理這種情況，如果萬不得已，其實可以在放大時自行將字適當加粗，效果會好一些，但當然不及把字寫大一點的好。同樣道理，當我用人手切割一些較小的字，而原稿是較大的話，也會將字刻意切割得幼一些，比較清晰之餘，加工亦較容易。

我在香港各地搜集李漢港楷招牌，多數都是比較小的街坊招牌，像這樣大的

章記傢俬的招牌，是由比較細小的毛筆字原稿放大得來

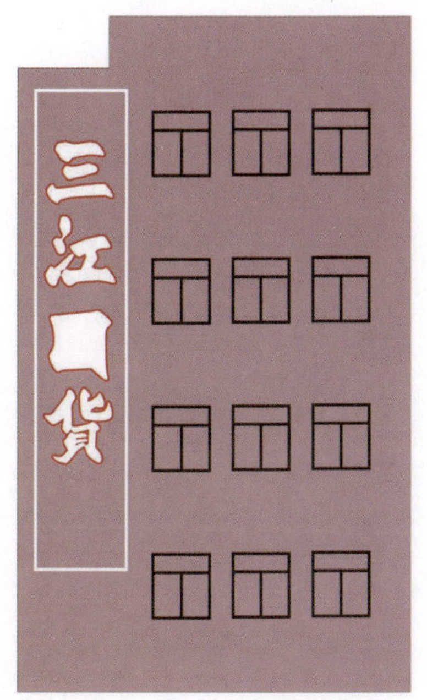

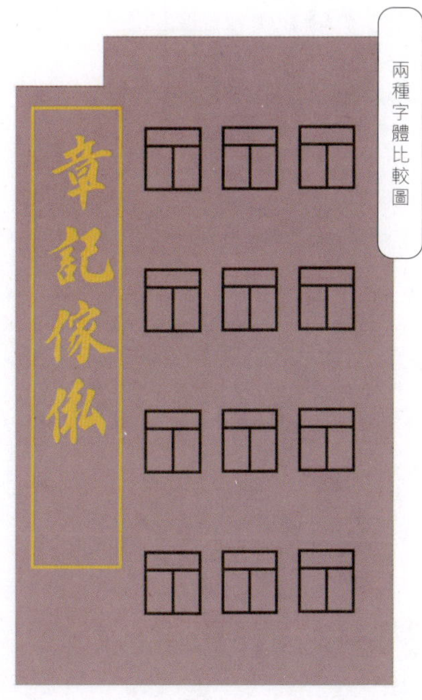

兩種字體比較圖

外牆字，之前都沒有見過。奈何「章記傢俬」這個招牌字效果不大理想，由此可見，一個好的招牌，除了字體以外，製作環節是十分重要的。

長洲

平安
清醮
山
玄天上帝
太平
同沾福澤
合境千祈萬禱問天求二字平安
戊戌吉祥
恭祝
玄天上帝
太平清醮
答謝神恩
國泰
民安
包山
北社街坊
同人敬奉
戊戌吉祥
恭祝
太平
玄天
上帝
清醮
包山
長洲潮州會館
全体同人敬奉
BLUE GIRL
恭祝

長洲是香港最多人居住的離島，人口稠密，根據統計，人口密度居然與葵青區相若。因為這裏環境獨特，位於香港市區之外，形成一個極具特色的社區，連鎖商店比市區少，所以這裏的招牌跟市區所看到的，有很多不同之處。

首先從招牌的大小看，因為長洲街道狹窄，店鋪亦多數位於住宅樓宇地下，店面較小，所以除了在長洲碼頭一帶以外，招牌一般都比較細小，屬於街坊招牌。店鋪種類除了日常生活用品所需，還有食肆、五金水電、服裝店等等。這裏的招牌普遍比較平實，白底紅字的傳統招牌，在這裏也是隨處可見的。

長洲的街坊招牌

在長洲也有一些比較講究的招牌，就是社團招牌。長洲遍佈大大小小的商會、體育會及居民組織，有些有規模的團體，會使用面積相當大的石雕招牌。除此之外，在一些廟宇，祠堂或大廈招牌，都可以找到石雕的痕跡，只是規模比較小而已。

廟宇

大廈

在長洲可以看到各式各樣的招牌製作方法。金漆招牌、膠片、木字、金屬字、水泥字都可以找得到。而這裏也保留有大量的通花鐵閘，閘上的字標示着店名，勉強也算得上是招牌吧。

木製招牌字

膠貼字招牌，有十多年歷史了，是我造的！

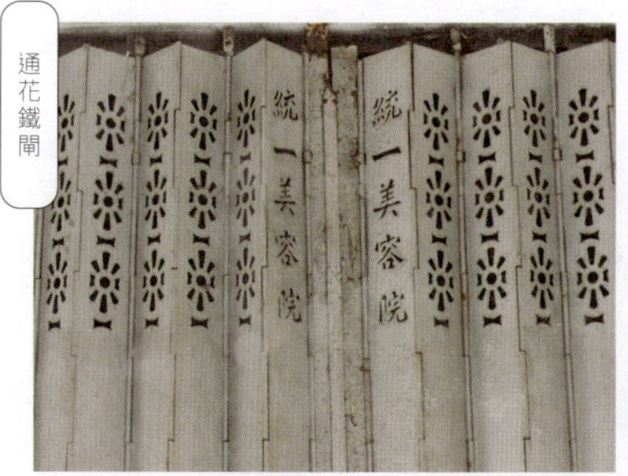

通花鐵閘

水泥字

古老木製招牌

誰說長洲沒有新的招牌製作方法？

因為島內有不少服務遊客的店舖，例如小食店或精品店等，招牌會以自家手製為主，與傳統招牌不同，走「文青」的風格，比較低調。舊招牌方面，也可找到一些手繪的美術字，但為數不多。

手繪美術字

手工木製招牌

手繪美術字招牌

你會看到某種設計或字體，就聯想到香港某個地區嗎？如果答案是「會」，這大概會是長洲的花牌字體了。在每年一度的太平清醮，都可以看到大量花牌，花牌就成為了長洲的一大特色。至於較小型的花牌，更加是日常看到的，適用於各種場合，無論是結婚、新店開張、體育比賽或粵曲活動等等，都可以見到這種字體。根據報道，這些花牌都是由長洲人於本地繪畫製作的。

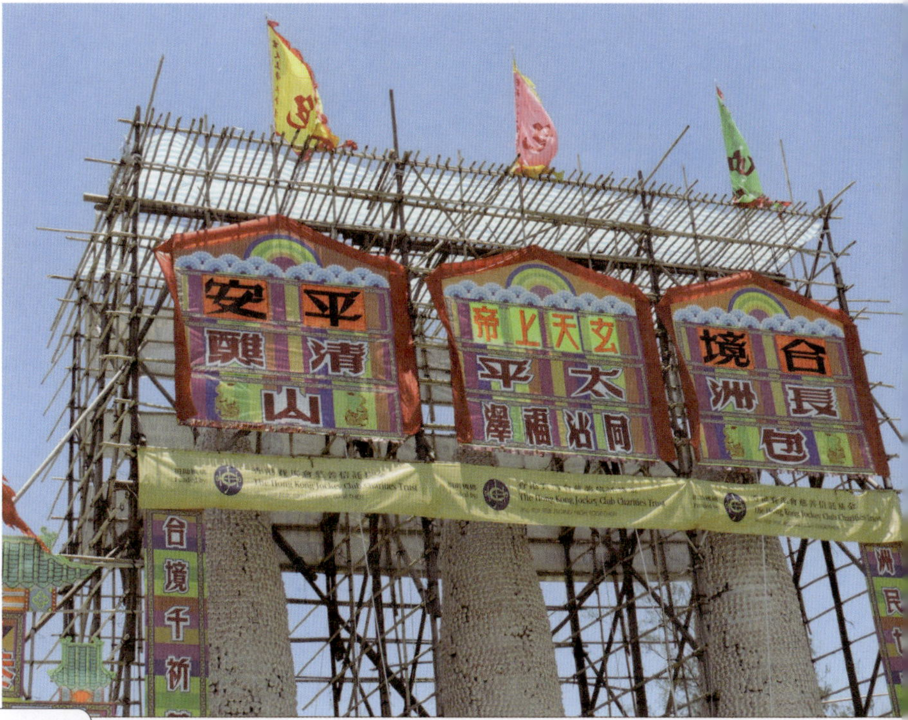
平安
清醮
玄天上帝
太平
同沾福澤
合境
長洲
The Hong Kong Jockey Club Charities Trust

花牌

恭祝玄天上帝太平清醮
神鑾會景巡遊大會
恭迎
蒞臨主禮

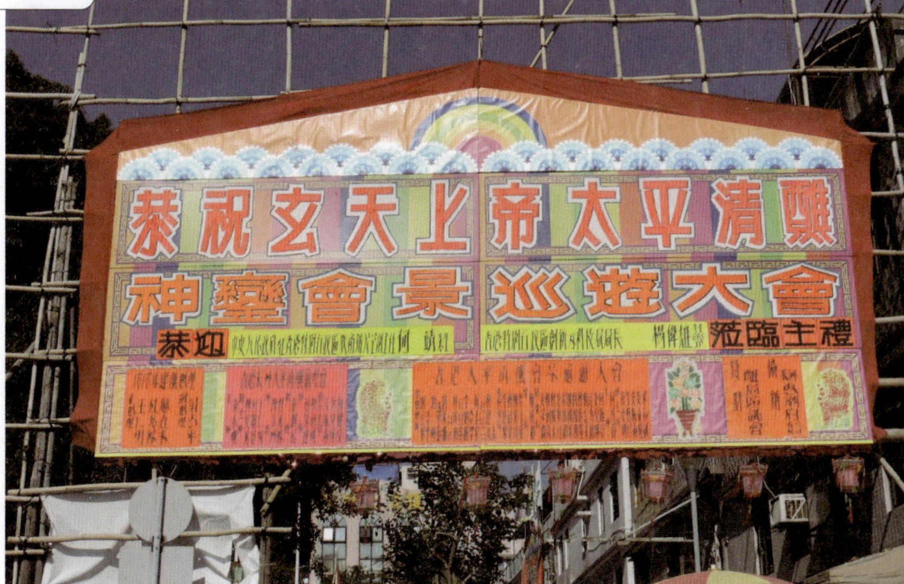

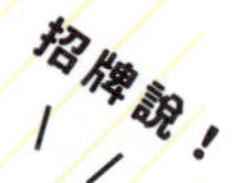

招牌的反面教材

我家招牌店的顧客大多是街坊，基本上沒有甚麼設計要求可言，最重要是清楚明白就可以了。街坊招牌雖然沒有大型霓虹招牌般多姿多彩，但也某程度上建構了香港的街道景觀。我沒有設計或藝術的修為，或者可從多年對街坊招牌的觀察，歸納出一些招牌的反面教材，在這裏討論一下。

字體不清楚

作為一個正常的招牌，看起來清楚明白很重要。尤其是大字，必須用比較粗的字，免得在遠方觀看的時候不清楚。一些招牌用上細明體，看起來感覺軟弱無力，也見過以加粗的細明體製作膠片水晶字，失去邊緣光亮的豪華感覺。絕大多數情況下，細明體只適用於內文。每當我見到這種招牌，都會笑說批核設計的人，電腦裏面或許沒有安裝字體。

細明體招牌

安裝錯誤

我對招牌的要求其實不高，或許除了清楚以外，沒有寫錯字、裝錯字、裝歪字就可以了。圖中這個招牌，或許是製作招牌的人對繁體字及英文不甚理解，首先是要併字製作當中的「麵」字，效果並不理想，而且還串錯英文字，需要在上面修修補補作出更正。依我的意見，這樣的招牌肯定會影響店鋪形象，換招牌的錢絕對不能節省。

至於裝錯、裝反、裝歪的情況屢見不鮮，或許是安裝的人本身對字的筆劃結構不甚了解。有些時候，由於字型問題，每個字由會分拆成眾多部分，就算安裝時有完備的圖樣，也很難做到令人滿意。何況很多時圖樣不齊備，字的部件又多又亂，這樣的情況下並不能怪責安裝師傅的。如遇上部件細小，安裝時無法在字底鑽孔固定，只有用膠水黏貼，便很易造成細小的筆劃歪斜甚至掉落。

港交所的「貝字牆」使用了楷書，但筆劃分散，拼貼效果不理想（圖片來源：橙新聞）

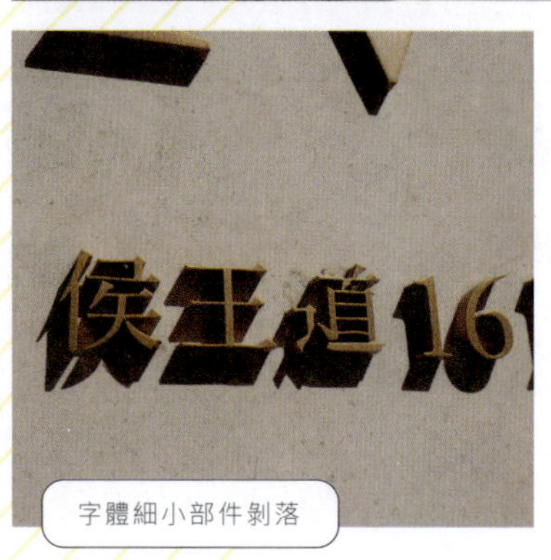

字體細小部件剝落

你能指出這招牌有甚麼錯處嗎？

有時有些招牌看了令人不禁失笑，錯誤離譜到令人覺得肯定是故意的。或許這真的是引人注目的一種方法，但難免會給人譁眾取寵的感覺。像圖中的招牌，看過當然令人難忘，但商號給人的感覺，也會打了折扣吧。

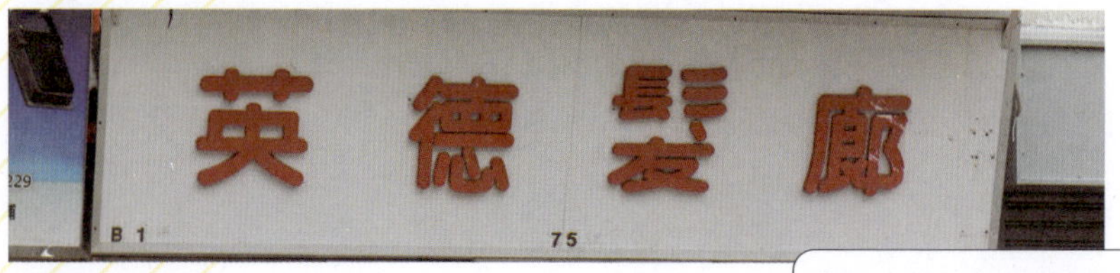

「髮」字的部件也相距太遠了吧

招牌除了展示店名，還有廣告牌的作用。例如醫生會寫上專業資格，食店寫上撚手菜式等等。我見過一些店主似乎貪心了一點，除了在招牌上列出多個電話及電郵地址，還要在招牌寫上一篇百字短文。這麼多字的招牌，有誰會駐足觀看？

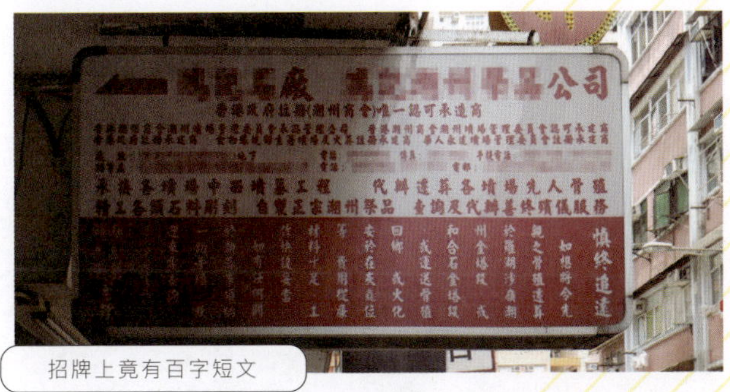

招牌上竟有百字短文

以前有一些專醫奇難雜症的醫師，會在招牌上寫上各式各樣的疾病，內容露骨，就算病人真的有需要，雖可跟着招牌尋找醫師，但亦難免令人尷尬。近年來醫療招牌及廣告，用詞已大大收斂，減少令人不安的感覺。我認為招牌上應盡量少寫負面用詞，因為這難免會成為招牌上的焦點，影響招牌觀感。

治療奇難雜症招牌

有些招牌上有需要更改的資料，例如價錢。其實作為招牌，應盡量避免常常更改，如果萬不得已，應該使用容易更改的方法去製作，例如價錢部分使用膠貼字製作。圖中這個招牌用「勾通」方式製作，資料無法修改，只能無奈貼上紙張遮蓋。

店鋪收費更新，只好貼上紙張遮蓋

六個字裏面竟用了
五至六款字型

招牌為了清晰顯示公司名稱或訊息，字體應盡量端正，四平八穩地展示；而且盡量不要使用超過兩款的字型。我雖然沒有學過設計，但都知道太多字型只會造成混亂。圖中這個招牌，設計可謂非常奇特，六個字裏面用了五至六款字型，而且歪歪斜斜，看過以後，居然有頭暈的感覺，看不清那是甚麼字了。

具社會意義的招牌廣告

招牌的作用，除了展示店名之外，最主要還是一件宣傳品。隨着時代的推進，社會氣氛亦會有所轉變。不要看輕小小的招牌，有時可以在其中找到當時的社會正在發生甚麼事。

記得我還是個小學生的時候，收音機常常傳來香港前途問題的新聞，大約是一九八三年左右吧。當時英國和中國就香港的基本法內容不斷進行談判，但香港人實際所知道的十分少，對前途大感困惑。因此「基本法」成為了社會大眾討論的對象，亦成了口頭禪。在這個醫治痔瘡的招牌上，為了表達「無痛醫治是很基本的」這個訊息，就寫上「基本法 · 唔痛」幾個字，把痔瘡與基本法連在一起，開了個玩笑。

醫治痔瘡的招牌

將時間推前十多年，回到文化大革命的年代。毛澤東自從掌握最高權力，推行多次政治運動，將個人崇拜推到極致，當時毛澤東思想就是人民必須遵從的真理。

自從改革開放，中國人的思想與之前大有不同，但可能有少數人仍會緬懷早已逝去的日子。 這個位於九龍城的招牌，成為了少數為毛主席宣傳的招牌。毛澤東的題字，在香港的招牌當中，可謂絕無僅有。

毛主席宣傳的招牌

荔枝角的廣告牌

土瓜灣的招牌

香港在二〇一四年發生了雨傘運動，歷時七十九日，詳情不在這裏講了。對於這次運動，社會分為支持及反對兩派，旗幟鮮明。事件雖已過去數年，但我居然在街上看到兩派人士的招牌及廣告。

首先是這個位於土瓜灣的招牌，旗幟鮮明「反對佔中」，估計原本只屬於臨時性質的政治宣傳，但一掛就數年了。而且這招牌製作質素不錯，也沒有褪色，驟眼看去，絕對不像臨時招牌。

另一方面，這個在荔枝角的廣告牌，明顯向當時掛在獅子山上的巨型直幡致敬，雖然低調，但店主立場已心照不宣了。

XX 女子美容院

另一個例子，可以說是我個人的推斷，但也看來有趣。這個位於深水埗的水泥字招牌，位於大廈一樓的外牆，原本是普通不過的招牌，其上寫着「XX 女子美容院」，有兩字明顯被移去，不像是自然剝落。

細看之下，那兩個被移除的是「日本」二字。為甚麼要除去這兩個字呢？我估計是在一九八二年，日本篡改教科書，意圖掩蓋侵華史實，激起香港的反日情緒。水泥字盛行於八十年代以前，所以這組字應該在這裏已經很久了，所以我大膽估計「日本」二字就是在當年被鑿去的。至於我的估計是否屬實，還需各位讀者給我答案吧。

第八章

李漢港楷字型製作

字從哪裏來？

字型名稱: 神雕粗行
版本: Mar 20 1995, 2.0 Second Release
TrueType 外框

12 微風迎客　軟語伴茶
18 微風迎客　軟語伴茶
24 微風迎客　軟語伴茶
36 微風迎客　軟語伴茶
48 微風迎客　軟語伴茶
60 微風迎客　軟語伴茶
72 微風迎客　軟語伴茶

九十年代中期，膠貼切割機隨機 CD 碟內的正版字型，現在看來，製作很粗糙

幾乎每個招牌上都有字。寫上的可能是商戶名稱、業務內容、主事人的名稱及履歷、地址及聯絡方法、宣傳語句等等。字建構了招牌，招牌建構了街道的景觀，所以字對於一個城市的外貌，影響力不容忽視。

現在我們很容易得到各式各樣的電腦字型。自從電腦被廣泛使用後，招牌上的字，絕大部分都使用電腦字

型。上世紀九十年代，我開始接觸來自台灣的電腦切割膠貼的軟件，內含多款中文字型，使用起來方便得很。與此同時，招牌業內廣泛使用來自台灣的盜版字型。一來當時對知識產權意識薄弱得很，二來正版字型都很貴，加上其實不知在哪裏可以購得正版字型，同時盜版光碟卻很容易找到，造成盜版字型猖獗。

在此之前，我老爸製作招牌的年代，可沒那麼幸運了。以前招牌師傅要得到字，很多都是找寫字匠幫忙書寫，正如我爸最常找的就是李漢先生。我沒有調查過香港區或新界寫字匠的情況，但我爸極少光顧香港島的寫字匠，不是因為甚麼地盤概念問題，而是當時交通不如今日方便，加上找寫字匠寫字，很多時不能立即取貨，需要從招牌店來回兩次才拿到字。因此招牌師傅都會找同區的寫字匠，以節省交通時間。

一些有美術根底的招牌師傅，會自己繪畫美術字。我爸的藏書之中，有幾本都是有關繪畫美術字的。手繪美術字就像現時電腦字的雛型，現時街上的招牌，都有使用手繪的黑體、明體或圓體字，而質素當然不及現在的電腦字。還有些招牌師傅自己懂得寫毛筆字，由寫字、製作招牌到安裝，都可以一手一腳完成，不假外求。

老爸收藏的手繪美術字體書籍

如果遇到一些公司客戶，要求使用比較正規的美術字體，招牌師傅都會光顧植字公司。我對植字公司的印象並不深，只知道植字公司都有植字機，內藏不同的美術字型（相信這都價值不菲啊），再用光學攝影的方法，將客戶需要的字，射印到一張「咪紙」上。因為「咪紙」解像度高，可供放大用來製作招牌。

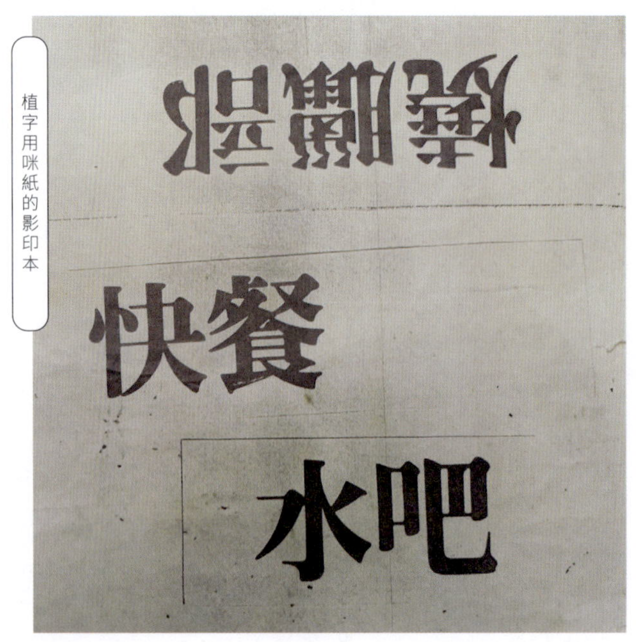

植字用咪紙的影印本

作為一家小規模的招牌公司，我爸要想盡方法找字。畢竟找寫字師傅需時，應付趕急訂單，必須另想辦法。老爸會將李漢先生的字影印存檔，將常用字重複使用。但這方法很多時都會缺字的，在沒有電腦的年代，解決方法有幾種：一是併字，將字的各部分拼合造成新字，再以手繪微調。二是購買書法字典，書寫風格雖有不同，但通過修改筆劃，希望可以盡量使用。除此以外，老爸還會從通勝的「電報新編」中取得所需的字。不過因為那些字很小，放大會出現變形，所以這只是逼不得已才會使用的。

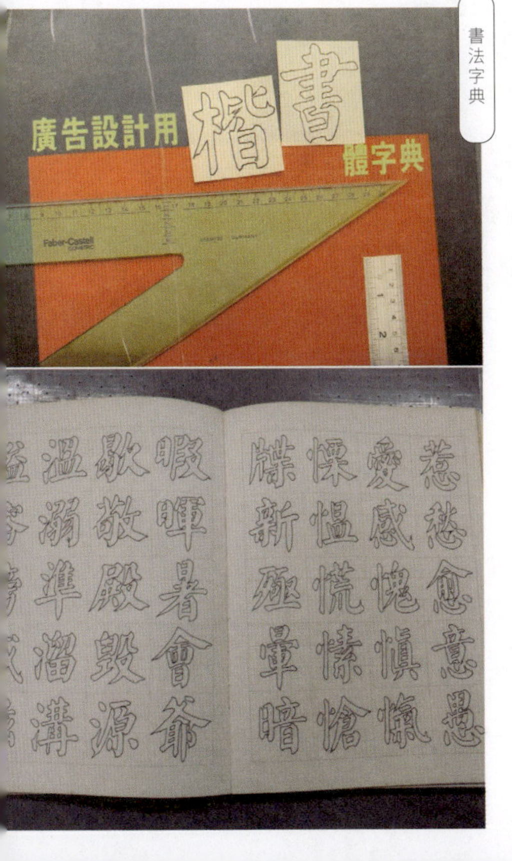

書法字典

通勝內的「電報新編」

淺談由毛筆字到招牌字

用粉筆修改過的毛筆字

當我們欣賞各式各樣的手寫字招牌，細味當中不同的書法風格時，有沒有想過：其實這除了是寫字匠的作品外，還要經過招牌師傅的製作及修改呢？電腦出現後，電腦字型均由專業團隊設計及校對，現時大多直接使用便可以了；以前的手寫字，因為每個都是手工完成，就算是最好的寫字匠，作品質素難免有高有低，所以到了招牌匠手上，也未必會依樣畫葫蘆的照用不誤。

首先是修改字的筆劃。招牌字通常比較粗，遇上筆劃較多的字，很容易因為墨汁化開，造成某些筆劃稍粗，甚至相連。寫字匠如果覺得寫出來的字基本上滿意，只有一些小瑕疵的話，便會用粉筆加以修改；到了招牌匠手上，也會因應個人審美眼光加以修整的。有時甚至是在線鋸機切割時，稍為偏離原稿以作修改的。

原稿與膠片招牌字的比較

或許未必有人留意到，毛筆字在紙上展現，感覺就像電腦上的點陣圖：筆劃邊緣可以比較多變化，墨色濃淡多變。至於由毛筆字轉換成招牌字的話，就像電腦上的向量圖，都是由外框組成，如遇毛筆字的筆劃邊緣不平整的話，必須加以簡化，這樣造出來的字才會好看。如果保留太多毛筆字細節，造出來的字只會像手工欠佳，邊緣抖震不整。而且這樣會這成加工困難，影響製作質素。

有時我們會收到這樣的要求：招牌損壞了，要再造新的，字體要跟原本的一樣。如果環境許可，直接用過底紙把舊招牌掃描下來，一比一大小去使用。但很多時都不會這樣理想的。如果客戶的名片或信紙上的字體跟招牌一樣的話，我們就會放大使用，或者如果客戶之前有替招牌拍下照片，我們便可加以放大製作。

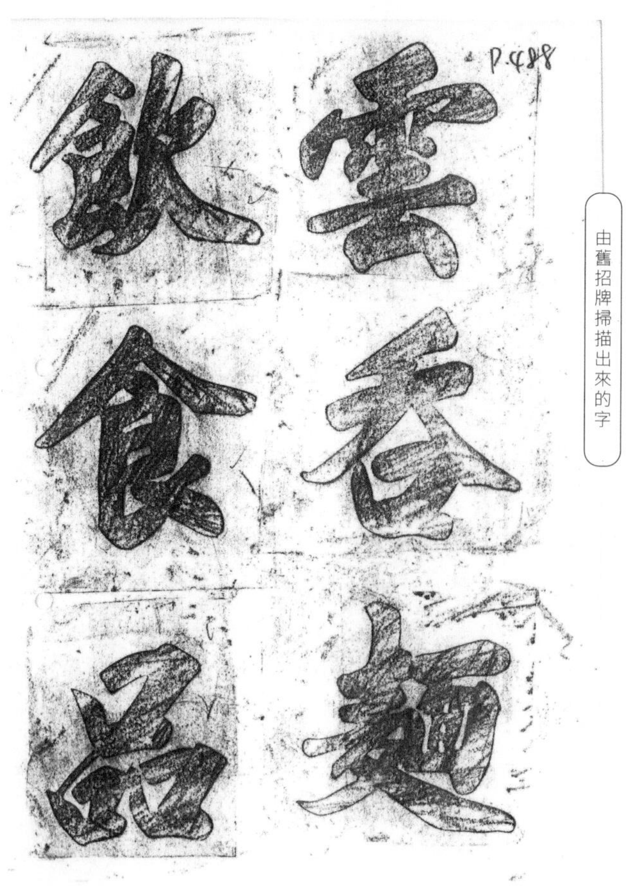

由舊招牌掃描出來的字

然而這樣問題來了，卡片上的字通常都很小；而照片也會有同樣的情況，就算使用專業相機拍攝，以當時的科技，客戶充其量也只給你一張小小的 3R 照片，字也顯得模糊。比起毛筆字原作，故然無法相比；就算是一比一掃描下來的字，因為已經過一次製作修改，多少有些失真。遇到這種情況，其實最好以招牌匠的專業意見，把字重修一次，但當然已加入了個人演繹，未必跟原稿完全相似，客戶也可能因此有意見。所以除非原稿差到不能用，否則還是隻眼開隻眼閉，跟原稿照做算了。

以下圖為例，坊間見到這樣的例子，一般人都不會有甚麼意見，就當是我的職業病，過分敏感吧。細看「金泰線」這個招牌，看來原作是隸書，但應該經過多次縮放，或者是原稿不佳的情況下製作，線條粗幼不一，筆劃交叉位模糊或變圓，失去手寫感覺。

金泰線

我為何要將李漢港楷製成字型

我是近幾年來才知道如何製作一套字型，最主要透過瀏覽一些台灣網站及書籍而慢慢了解。但是，看完資料對字型製作還是一知半解。要製作一款電腦字型，字體公司的配備當然更完整，有專業軟件，又有一組字型設計師合力完成一套字[1]，而對個人字體製作者而言，就是一項很浩大、漫長、枯燥、孤獨、別人沒法幫你分擔，又需要很大毅力很多時間的事……總之，製作一套中文字，門檻超級高，難怪甚少香港人在做這項工作。那麼，為甚麼我又要把李漢字電腦化，甚至製作出整套字型呢？

最簡單的原因——我想便捷地使用這套字。自李漢先生在上世紀末把大量手稿送給了我爸，我當時已經想把這些字電腦化，以方便使用。奈何當時的電腦速度相當慢，電腦硬碟又很小（當時 1GB 硬碟已經很大了），加上我使用繪圖軟件技術不精，於是計劃開始了一段短時間後，便半途而廢了。

在上世紀九十年代中期，適逢個人電腦開始流行，加上公司購進了第一部電腦膠貼切割機，軟件已內置一些電腦字型，當中包括兩套毛筆字，大大方便了招牌的製作，這亦令到李漢先生的手稿無用武之地，最終在一個書櫃裏面，悄悄渡過了二十年。

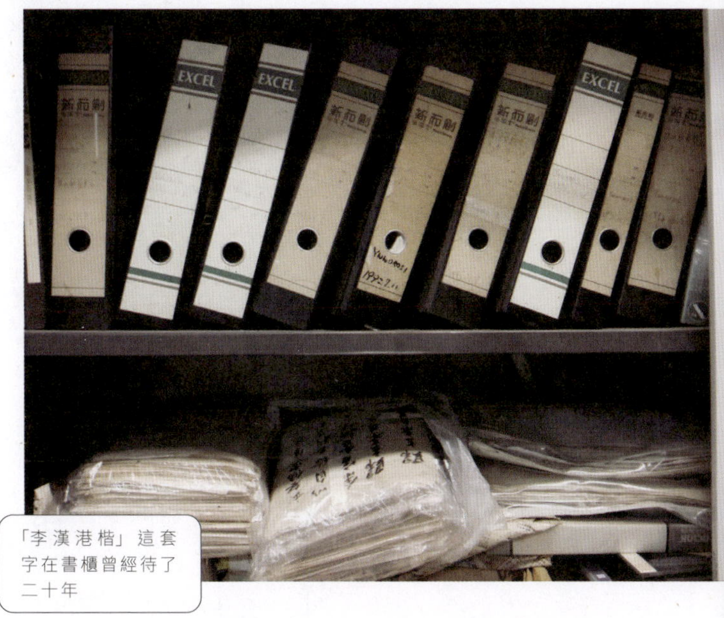

「李漢港楷」這套字在書櫃曾經待了二十年

將這套字放進書櫃二十年，無疑是將李漢先生送給我老爸的厚禮束之高閣，浪費了李伯伯的一番苦心。我一直把這套字記掛在心，只是因為技術原因沒有辦法處理。而這二十多年來，公司搬遷了好幾次，但字稿也保存得大致完好，只是沒有拿出來細看而已。

近年香港懷舊風氣熾熱，我也看過不少以懷舊為主題的展覽。當中很多裝飾都做得不錯，或盡量以現時的物料，去模仿舊時的事物，都經過精心設計，值得欣賞。唯獨在使用字體方面，因為現時使用的電腦毛筆字字型，都是來自台灣或中國大陸，感覺與香港的手寫字體有很大出入。

左方是香港手寫字；右方是台灣手寫字

以懷舊為題的展覽

香港的字型設計市場太小了，不足以支持去製作一套有本地書法感覺的字型。要開發一套這樣的字，要找一位能寫本地招牌字的「寫字佬」，可是如果寫字佬寫下一整套的字，意味着要將整套生財工具都賣出去了，根本沒有「寫字佬」願意這樣做。就算有人願意，即使是名氣不高的「寫字佬」，相信也會價格不菲。最近我問過兩位現時僅存的「寫字佬」，寫字每字收費由港幣四十至一百元不等。如果有名氣的書法家，收費必定更高。由此可見，要開發這樣的一套字，所花費用必定相當龐大。

近年香港社會變化得很劇烈，令更多人關注香港本土文化。我想，這套已經發黃的手稿，或許是時候去發揮它的價值了。我最初的想法，其實只是想將這套字電腦化後，給自己公司製作產品時使用的，但後來在社交媒體發表這個計劃，得到了相當大的迴響，也令我意識到，這套字背後的珍貴價值。

李漢伯伯送了這麼多的字給我老爸，就是怕自己退休後，沒人替我老爸寫字。這麼厚重的一份大禮，當然要好好珍惜；能將這些字稿電腦化再加以利用，就是不會辜負李漢先生這一番心意的最好方法。

1 〈字型是怎麼製作的（完整版）〉：https://youtu.be/ON_ADrrLkqk

李漢港楷字型製作工序

自從在網上得知製作電腦字型的工序，我便開始從櫃裏拿出塵封多年的手稿整理。別以為一開始便可以開始電腦化的程序，要先做很多準備工夫，逐步逐步來，才可以展開這個龐大的工程。

1. 了解製作字型的方法

首先要了解製作字型的方法，參考其他地方的例子，從而決定如何製作。首先我從台灣 justfont 的網頁得知製作字型的工序，繼而看到台北日星鑄字行將鉛字電腦化的實例。在日星的案例中，人手不是問題，但在勾劃鉛字外形的過程中，每人對字形外觀都有不同的判斷，造成字與字之間風格不統一，計劃因此中止，直至多年後才得以重新啟動。聽到這個案例，我作了一個艱難的決定：就是由我一人去完成勾劃字型外框及校對工序，以解決不同人製作引起風格各異的問題。可是這也意味着製作時間大大加長，我也要獨自承擔整套字的製作任務。

2. 掃描成電腦檔案儲存

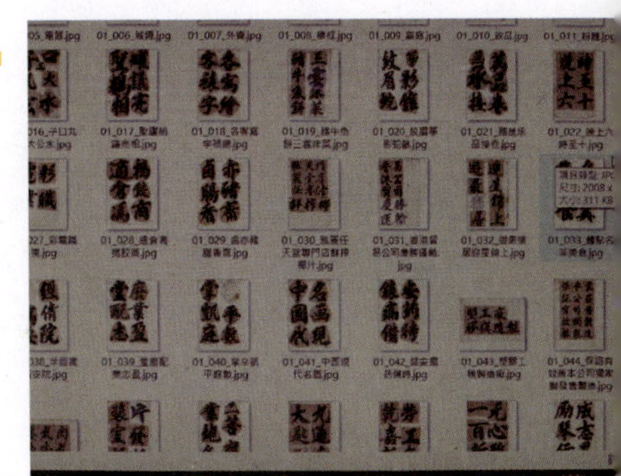

將整套字掃描成電腦檔案儲存（見右圖）。看似是手板眼見功夫，但在開始掃描前，決定合適的解像度，過大會浪費儲存空間，掃描時亦會拖慢電腦；過小則會令細節流失，製作時引致偏差。因為手度的字比較大，輪廓亦很清晰，於是我決定將掃描解像度定為 200dpi。

將手稿逐頁掃描，其實不算困難，但要掃描二千頁楷書原稿，還加上二千多個還未有計劃電腦化的隸書原稿，絕對是一項龐大工程。因為手稿通常由多張剪碎的字稿黏貼而成，亦可能有釘書釘在原稿上，不可能放進送稿器（feeder） 進行自動掃描，唯有以人手逐頁掃描吧。

另外，老爸亦收藏了數百個手寫大字的原稿，就算我有 A3大小的掃描器，也要分兩次才可將整個字掃描下來，完成後，還需要用電腦軟件，將字的兩部分併合起來。

整個掃描工序，我只在工餘的星期日進行，花了八個工作日完成，即前後兩個月時間。

3. 為檔案命名

檢視每頁字稿上有甚麼字，並將上面的字命名為該頁原稿的檔案名稱，方便日後檢索。將所有的原稿檢閱一次並命名，共花大約三個月時間。

十分感謝台灣 justfont 公司免費給我一份七千二百字的字體表，為我要製作哪些字提供了依據。可是那份表並不是按部首排列，於是我在網上找來了一份「臺灣標準字體表」，好讓我統計一下，扣除重複的字後，一共有多少字，缺了甚麼字，有甚麼部首可供併字使用等等。這個工序費時不算太久，大約兩三個星期便完成了。經過這個工序，發現原來手上沒有任何「齒」字部偏旁的字，幸好後來找到一個「囓」字，填補了這個空白。

4. 勾畫字體外框

我並不是按字體表上第一個字開始做的，而是首先製作一些字數比較多的部首的字，例如木，水，土，金等部首。這樣做的話，除了部首偏旁以外，我可以得到大量的字體部件，可供併合製作不同的字。舉個例子，如果完成了「埔」字，那就有了「土」字偏旁，以及「甫」字部件。如果之後要完成「鋪」「浦」「補」等字便快很多了。

這個工序説難不難，但最恐怖的是要一個人完成七千多字。我每星期花五至六天，利用晚飯後到睡覺前的時間去做這工作，每天最多可以勾畫十多個字。如是者花了大約一年時間，完成了大約三千字，之後進入併字的程序了。

我是逐筆勾畫每個字的（見下圖），而不是勾畫出整個字的外框的。這樣的好處非常多，一來要修改微調字體外觀時，可以逐筆修改，十分方便；二來在製作併合字的時候，字的每個筆劃和部件都可以自由裝拆，方便調校。而逐筆勾畫所花的時間，其實比勾畫整個字的外框不會多很多，但卻為製作提供極大方便，這都是我在網上看到的資料所學得來的。

我滿以為併字是很容易的工作，或者花大半年就做好了吧。誰不知併字所花的時間，跟勾字的時間差不多！原來將部件合併時，要花相當多時間去微調，有時怎樣看都不順眼。結果每晚也只能製作十多個字，這也花了大約一年時完成。

5. 繪畫英數字符

作為一套電腦字型，除了中文以外，英文、數字及符號，都是不可缺少的部分。我決定這套字的英數字符，部分由我老爸繪畫出來，以符合昔日招牌的風格。我收集過一些意見，認為毛筆字應該配有襯線的英文字，可是我認為這套字應該以招牌製作為主要目的，首要符合昔日招牌的感覺，另外以我和老爸的美術修養，很慚愧地，只可完成一套很粗糙的無襯線英文字，我的決定的確有違字體配襯的習慣，但這也符合昔日「招牌佬」自己繪畫的英文字的風格與水準。反正坊間英文字型選擇多的是，如果覺得這套英文字不堪入目，也可選用其他的英文字。

李威在勾勒無襯線英文字

6. 編碼

我之前不懂得編碼的，唯有交給台灣 justfont 公司代勞。他們很快便替我完成七千二百個字的編碼工序，而且還教我使用「glyphs」軟件修改現有的字，以及將新加的字編碼。我後來新加了數百個字，包括香港常用字、地名用字及生僻字，都是我自己製作及編碼的。原來使用「glyphs」軟件，編碼的過程極為容易，花幾分鐘便學會了。

7. 校對

製作電腦字型需要每字獨立製作；但使用中文字時，卻是以句以段落來編排的，因此字與字之間的呼應很重要。於是我要使用「glyphs」的一個重要功能，就是把不同的字，排列成文章，以便找出哪些字大小有問題，粗幼需要微調，當然盡量檢視一下每個字的製作質素。雖然我花了相當多的時間作檢視調校，但仍然發現這套字裏面，有很多可以改善的地方，也就是說，要找出所有問題的話，大概是沒有可能的。

8. 使用

通過實際使用，是檢驗這套字的一個好方法。首先是繼續校對工作，找出個別不妥當的字；而且可以找出有甚麼常用字還沒有製作出來。例如石硤尾的「硤」字，糯米糍的「糍」字等，都是通過這方法檢測出來的缺漏字。暫時通過了一年的使用，檢測出不少的問題，作出了過百次的修改。

校對是一項永遠也不會完成的工作，所以正如 justfont 創辦人葉俊麟先生給我的建議，就是把字盡量做好，但無論如何要設定一個完成的期限。既然沒有可能將所有錯處找出來，但也要給自己的作品面世，否則愈拖愈久，就可能錯過發表的時機了。最終「李漢港楷」字型於二〇二〇年通過眾籌形式公開發行，各地用家亦可在眾籌後於網上平台購買使用。

各地手寫毛筆字型

我在開展李漢港楷電腦化這個項目前，做過一些調查，了解造字計劃如何進行，也參考別人的經驗，將自己犯錯的機會降到最低。結果我也找到一些案例作參考，最近也留意到有新的造字計劃出現，證明由電腦廣泛使用後，手寫毛筆字型就不斷出現，李漢港楷只是其中一例而已。

香港在開始使用電腦製作廣告招牌時，某些繪圖或切割的軟件，都內置了台灣製作的電腦字型，便利了九十年代中後期的招牌製作。細看之下，這些字體都是台灣味道十足的，現在到台灣逛街，常常可以看到這些字。台灣毛筆字比起香港字體，感覺較為溫文內斂；如果像香港北魏那麼有霸氣的字，相信只有在武館找到。而這些影響台灣、香港，以至整個華人社會的招牌字體，都與台灣劉元祥先生有關。

台灣字體

劉元祥先生擅寫書法，常常替台北市政府長官寫紅白帖，匾額輓聯等，亦有教授書法。民國六十年代（一九七〇—一九八〇年），劉先生將其書法作品推出《商用字彙》系列，分楷書，顏體，分書（隸書） 及行書四冊。當時電腦尚未普及，台灣各地招牌店都購買了這幾本書（無論正版或盜版） 用以製作招牌。而後來台灣幾家字體公司的毛筆字型，很大程度上都「參考」了劉先生的書法。因為台灣製作的電腦字型，早於上世紀九十年代已流行至世界各地華文社會，所以劉元祥先生的書法字，不止在台灣大行其道，而且對全球的中文招牌，也有莫大的影響。

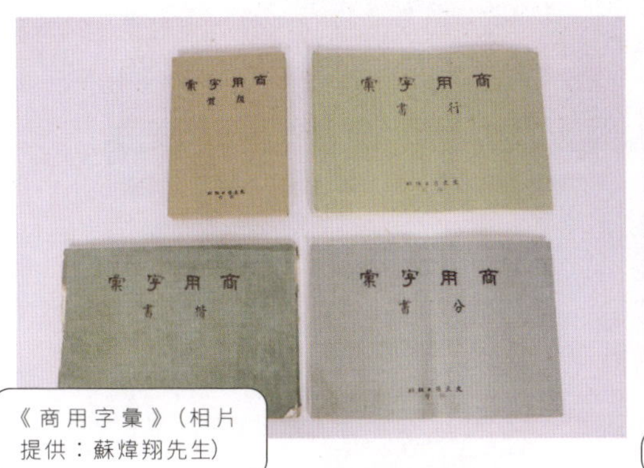

《商用字彙》(相片提供：蘇煒翔先生)

台灣常用字體

中國字體

中國大陸方面，也有一些我們很熟悉的電腦字型，它們的原稿都是由上世紀七十年代以來，由內地的著名書法家，在艱難的環境下作出無私的貢獻。當中包括行楷，隸書，新魏，篆書幾種字體。

行楷體字型是國內極常見的電腦字型，於一九七六年由著名書法家任政書寫。任老先生白天應酬各方，為上海字模一廠工作，晚上在電風扇下，艱苦地完成了6196字的原稿。所得酬勞出奇地少，每字僅人民幣一毛錢。

行楷體字型

隸書字型是於一九七九年由時任北京故宮博物院書畫複製組的劉炳森先生書寫，由於晚於任政先生書寫，稿籌「大幅」增至每字一角五分。

隸書字型

新魏體字型是由韓飛青先生所寫，於一九七四年開始，經過十四個月，首先完成了 4050字，後再補寫包括繁體字共 2900字。韓先生辛勤付出卻分文未得，僅獲得了一套價值六十元的《昭和法帖》作為酬勞。

篆書字型是七十年代由蘇州書法家徐圓圓女士書寫，完成合共 10366 字，稿籌與劉炳森先生一樣，每字一角五分。

香港字體

香港方面，可能早已使用大量來自台灣及大陸書法字型，具本地特色的手寫書法電腦字型起步較晚。早年專門書寫北魏體貨車字的楊佳先生，將其幾千字作品，收藏於電腦內供自家使用。自二〇二〇年起，亦有一些通過眾籌形式公開發行，當中包括李健明「李漢港楷」、陳敬倫「爆北魏體」及陳濬人「北魏真書體」等字型。

楊佳貨車字

澳門字體

澳門方面，設計師鄧寶誼先生與招牌匠林榮耀先生合作，於二〇一八年開始，將由林先生書寫的毛筆字，電腦化成為字型，現時已完成大約三千字。林先生從事招牌製作四十多年，作品遍佈澳門，絕對是澳門文化的一項特色，值得加以保存及推廣。

林榮耀先生（左）與鄧寶誼先生（右）

圖片提供：鄧寶誼先生

除了以上例子，當然還有其他毛筆字字型，在這裏就不盡錄了。近年各地推出了不少中文書法字型，尤其以中國大陸數量最多。這些字型風格各異，為用家帶來大量新選擇。電腦化手寫毛筆字的工序浩大，而且將傳統的藝術及文化，以科技轉化形式保存下來，是一件相當珍貴和有價值的事。近年隨着人工智能出現，部分令人望而卻步的繁複工序可以由電腦代勞，製作字型的速度有望提升。我知道現在仍有不少人同樣默默努力，埋首製作富有情懷的字型，期盼透過造字者的用心，能令各地社會的文字更美。

後記及鳴謝

能夠透過寫書去分享我對招牌的小知識，對我來說是一件很不可思議的事。雖然寫稿過程很辛苦，要時時刻刻在街上拍攝招牌、思索有甚麼內容要寫到書裏面等等，但感謝很多人的幫助，這本書終於順利可以完成。首先多謝非凡出版的邀請，感激編輯朱嘉敏小姐的協助，替我將一堆雜亂無章的文章，整理成一本有板有眼的書。

感謝下列人士接受訪問：

- 麥錦生先生
- 郭斯恆先生

感謝下列人士替我寫序，令本書生色不少。

- 郭斯恆先生
- 阮慶昌先生
- 邱益彰先生
- 鄧寶誼先生

感謝下列機構及人士提供資料或照片：

- 長春社文化古蹟資源中心
- 劉國偉先生
- 梁耀成先生
- 香港理工大學設計學院信息設計研究室
- 邱穎琛小姐
- Naldo Wong
- Kevin Mak@streetsignhk
- 林子喬小姐
- 陳思琦小姐
- 愛麗斯髮廊 黃先生
- 曹華安先生媳婦 曹太

- 區深記 輝哥
- 橙新聞

感謝一路上在「李伯伯街頭書法復修計劃」幫過我的所有人。沒有你們，這本書大概也不會出現的。名單如下：

- Justfont
- 葉俊麟先生
- 蘇煒翔先生
- 曾國榕先生
- 林霞小姐
- 長春社文化古蹟資源中心
- 黃凱欣小姐
- 鍾藹寧小姐
- 自由香港字型
- 鄭國雄先生
- 柯熾堅先生
- 陳星宇先生
- 水煮魚文化
- 「港人港字」展覽策展團隊
- Angel Ho
- Wendy Kwong
- 採訪及報道過本計劃的各方傳媒朋友
- 耀華製作室各同事 + 董事長李威先生

（上列名單，排名不分先後。如有遺漏，懇請見諒！我一向記人名十分差！）

最後，致最崇高的致謝：李漢先生。

李健明 著

責任編輯　朱嘉敏
裝幀設計　青色人、霍明志
封面設計及排版　謝祖兒、劉婉婷
插圖　Carman
印務　劉漢舉

出版　非凡出版
香港北角英皇道 499 號北角工業大廈 1 樓 B
電話：(852) 2137 2338　傳真：(852) 2713 8202
電子郵件：Info@chunghwabook.com.hk
網址：http://www.chunghwabook.com.hk

發行　香港聯合書刊物流有限公司
香港新界荃灣德士古道 220-248 號
荃灣工業中心 16 樓
電話：(852) 2150 2100　傳真：(852) 2407 3062
電子郵件：info@suplogistics.com.hk

版次　2025 年 6 月初版

規格　32 開（210mmX148mm）

ISBN　978-988-8913-20-6